Martin Kohn

99 Tipps
Erfolgreiche Elternarbeit

Martin Kohn

ist Mitglied der Schulleitung eines Frankfurter Gymnasiums und war jahrelang als Referent für Medien und Kulturelle Bildung an das Hessische Kultusministerium abgeordnet. Er hat zu pädagogischen, methodischen und didaktischen Themen eine Reihe von Fortbildungsveranstaltungen für Lehrer geleitet und war als Mentor ferner in der Lehrerausbildung tätig. Darüber hinaus ist er Experte für Erziehungsfragen für das Nachrichtenmagazin „Focus" sowie die Zeitschrift „LISA Schule & Familie". Zudem ist er freier Redakteur der Zeitschrift „Schule&Co".

Martin Kohn

99 Tipps
Erfolgreiche Elternarbeit

Cornelsen
SCRIPTOR

Die in diesem Werk angegebenen Internetadressen haben wir überprüft (Redaktionsschluss Oktober 2010). Dennoch können wir nicht ausschließen, dass unter einer solchen Adresse inzwischen ein ganz anderer Inhalt angeboten wird.

www.cornelsen.de

Bibliografische Information: Die Deutsche Bibliothek verzeichnet diese Publikation in der Deutschen Nationalbibliografie; detaillierte bibliografische Daten sind im Internet über http://dnb.ddb.de abrufbar.

1. Auflage 2011

Konzeption/Projektleitung: Dorothee Weylandt, Berlin
Redaktion: Barbara Holzwarth, München
Herstellung: Brigitte Bredow, Regina Meiser, Berlin
Die Reihenkonzeption wurde von Cornelia Colditz und Claudia Kahlenberg im Rahmen eines studentischen Wettbewerbs im Studiengang Verlagsherstellung an der HTWK Leipzig (www.verlagsherstellung.de) unter Leitung von Julia Walch, Bad Soden, entwickelt.
Satz/Layout: Julia Walch, Bad Soden
Illustrationen: Mone Schliephack, Niedernhausen-Oberjosbach
Umschlaggestaltung: Magdalene Krumbeck, Wuppertal
Druck und Bindearbeiten: CPI – Clausen & Bosse, Leck
Printed in Germany
ISBN 978-3-589-23206-2

Gedruckt auf säurefreiem Papier,
umweltschonend hergestellt aus chlorfrei gebleichten Faserstoffen.

Inhaltsverzeichnis

„Besondere“ Eltern

Eltern zu Verbündeten machen

Mit Eltern aus anderen Kulturkreisen umgehen

Vorwort

An vielen Schulen ist die Zusammenarbeit von Lehrern und Eltern durch große Vorbehalte auf beiden Seiten, Schwierigkeiten, Missverständnisse, ja sogar Ängste belastet. Manch einem Pädagogen graut es vor dem nächsten Elterngespräch oder Elternabend, weil er befürchtet, dass die anwesenden Mütter und Väter seine Arbeit kritisieren und ihm Unverständnis sowie Vorwürfe entgegenbringen könnten. Die Eltern wiederum fühlen sich in Erziehungsfragen von der Schule im Stich gelassen oder werfen den Lehrkräften vor, ihre Kinder nicht ausreichend zu fördern bzw. deren Leistungen ungerecht zu bewerten (die große Verunsicherung und der Bedarf an Hilfestellung aufseiten der Eltern zeigen sich u. a. beispielsweise daran, dass die Deutschen jährlich etwa 750 Millionen Euro für Erziehungsratgeber und -zeitschriften ausgeben).

Um diese problematische Situation aufzubrechen, bedarf es des beiderseitigen Entgegenkommens von Lehrern und Eltern, denn schließlich steckt im Begriff „Erziehung“ das Wort „ziehen“: Im schlechtesten Fall ziehen Schule und Elternhaus in verschiedene Richtungen, d. h., das Kind bzw. der Jugendliche wird „zerrissen“ und macht keine Fortschritte. Im Idealfall verständigen sich Eltern und Schule auf eine gemeinsame Zugrichtung. Dann weiß der Schüler, welchen Weg er einschlagen soll, und kann diesen zügig und erfolgreich beschreiten.

Schulische Mitarbeit bedeutet allerdings nicht, dass Eltern nur dann eingesetzt werden, wenn an der Schule Hilfe benötigt wird – sei es als finanzielle Unterstützer oder als Kuchenbäcker für den Weihnachtsbasar. Eltern haben vielmehr sowohl das Recht als auch die Pflicht, die Erziehungs- und Bildungsarbeit der Schule zu fördern und mitzugestalten. Allerdings werden die Möglichkeiten und Chancen, die dieses Recht bietet, an den meisten Schulen leider nur von einem sehr geringen Teil der Elternschaft genutzt. Die Gründe dafür sind vielfältig – neben fehlender Zeit aufgrund großer Belastung durch Beruf und Familie gehören sicherlich auch Lustlosigkeit sowie der Mangel an Interesse und Motivation dazu.

Wie Sie diese passive Haltung der Eltern Ihrer Schüler aufbrechen und ein erfolgreiches Zusammenwirken mit ihnen realisieren können, das langfristig schließlich in der oben geschilderten wünschenswerten schulischen Mitarbeit mündet, zeigt Ihnen dieses Buch! Es gibt Ihnen konkrete Hinweise an die Hand und möchte Ihnen Mut machen, die Zusammenarbeit zwischen Elternhaus und Schule zu optimieren und für die Schüler gewinnbringend zu gestalten. Sie erhalten u. a. Antworten auf folgende Fragen bezüglich Ihrer Elternarbeit:

- Welche Rechte und Pflichten haben Eltern bei der schulischen Mitwirkung?
- Wie kann ich möglichst viele Eltern zu einer Mitarbeit im schulischen Entwicklungsprozess motivieren, um aus der Schule einen für alle Beteiligten wertvollen Lebensraum werden zu lassen?
- Welche Möglichkeiten gibt es, elterliche Eigeninitiative zu wecken?
- Wie kann ich konfliktträchtige und eskalierende Elterngespräche führen?
- Wie berate ich Eltern am Telefon?
- Wie bereite ich einen Elternabend vor?
- Wie mache ich meine Benotung gegenüber Eltern transparent?
- Wie gehe ich mit „besonderen“ Eltern um (die beispielsweise selbst Pädagogen sind)?
- Wie kann ich Eltern in die Planung eines Wandertages oder einer Klassenfahrt einbeziehen?
- Worauf muss ich beim Umgang mit Eltern aus anderen Kulturkreisen besonders achten?
- Wie finde ich Zugang zu Eltern aus sozial schwachen Verhältnissen?

- Welche Wege gibt es, zusammen mit Eltern (von Opfern und Tätern) gegen Mobbing und Gewalt an der Schule vorzugehen?
- Wie kann ich als Referendar selbstbewusst auftreten und auf diese Weise das Vertrauen und die Anerkennung der Eltern gewinnen?

Das vorliegende Buch liefert somit für Unterrichtende in sämtlichen Schulformen Grundlagen und praktische Hinweise, um die Elternarbeit an der Schule für alle Beteiligten – d. h. für Eltern, Lehrer und Schüler – konstruktiv, erfolgreich und nicht zuletzt zu einer Freude werden zu lassen.

Ich wünsche Ihnen viel Erfolg!
Martin Kohn

PS: Aus Gründen der besseren Lesbarkeit wird in diesem Buch durchgehend die männliche grammatische Form verwendet. Natürlich sind damit auch immer Frauen und Mädchen gemeint, also Lehrerinnen, Schülerinnen usw.

10 Top-Tipps ... Die Lieblingstipps des Autors

Sich in die Eltern hineinversetzen

1

Lehrer und Eltern haben in der Erziehung der Kinder gemeinsame Interessen, allerdings treffen oft unterschiedlichen Erwartungen und Anforderungen aufeinander. Beide sehen das Kind aus ihrer eigenen Perspektive, und beide erwarten und fordern von der anderen Seite Unterstützung und Verständnis für ihre Situation. Eine erfolgreiche Zusammenarbeit zwischen Elternhaus und Schule kann nur gelingen, wenn Sie sich dieser Diskrepanz bewusst sind, diese Erkenntnis in Ihre schulische Arbeit einbeziehen und beispielsweise bei der Vorbereitung auf Gespräche (Tipp 17, 38) oder Elternabende (Tipp 75–85) berücksichtigen.

Gemeinsame Interessen – unterschiedliche Erwartungen und Anforderungen

› Tipp 17, 38
› Tipp 75–85

Um die Ecke gedacht

Wichtig ist, dass Sie ein Problem nicht nur aus Ihrer professionellen Situation heraus betrachten und aus dieser Perspektive Handlungsempfehlungen für die Eltern formulieren, sondern, dass Sie sich in die Situation der Schüler sowie deren Eltern hineinversetzen und versuchen, aus dieser Sicht heraus zu argumentieren. Dadurch erhöhen Sie nicht nur das Verständnis Ihres Gesprächspartners für die Sachlage, sondern liefern gleichzeitig auch nachvollziehbare Argumente und durchführbare Handlungsalternativen, die ihr Ziel tatsächlich erreichen und konkret umgesetzt werden können.

SOS-Tipp

Trainieren Sie wichtige Elterngespräche, z. B. vor dem Spiegel bzw. gemeinsam mit einem Kollegen oder einem Freund. Machen Sie sich Ihre eigenen Vorstellungen, Wünsche und Interessen bewusst, um sie danach denen der Eltern gegenüberzustellen. Versetzen Sie sich dazu in deren Situation oder agieren Sie aus Ihrer eigenen Elternrolle heraus.

2 Unterschiedliche Sichtweisen auf das Kind nutzen

Während die Eltern in der Regel Experten für ihr Kind sind, weil sie es mit seinen Eigenschaften naturgemäß am besten kennen und einschätzen können, sind Sie als ausgebildeter Lehrer ein professionell geschulter Fachmann, der durch seine tägliche Arbeit und das pädagogische Studium über ein großes Maß an theoretischem und praktischem Wissen hinsichtlich der Erziehung von Kindern allgemein verfügt. Dadurch entstehen auf beiden Seiten die bereits erwähnten unterschiedlichen Sichtweisen auf das Kind (Tipp 1). So sehen Eltern ihr Kind im familiären Kontext und haben persönliche Hoffnungen und Erwartungen für dessen schulische Ausbildung und Erziehung gerade im Hinblick auf die berufliche Perspektive, während Sie das Kind im Unterrichtskontext erleben und u. a. anhand seiner dort erbrachten Leistungen einschätzen. Zwar ist insbesondere die Vorbereitung der Schüler auf das private und berufliche Leben die Aufgabe und das Ziel sowohl der Lehrer als auch der (meisten) Eltern, dennoch ziehen aber beide oftmals nicht an einem Strang, da ihre Auffassungen, was für das Kind gut ist, häufig verschieden sind. Ziel einer erfolgreichen Elternarbeit ist es, hier ein gegenseitiges Verständnis und gemeinsames Vorgehen zu erreichen.

› Tipp 1

Die unterschiedlichen Sichtweisen auf das Kind zusammenführen

Gleich mal ausprobieren

Kommunizieren Sie mit den Eltern Ihrer Schüler ohne Vorbehalte. Seien Sie sich dabei stets bewusst, dass die persönliche Sichtweise der Eltern auf ihr Kind Ihnen wichtige Informationen und Anhaltspunkte geben und somit Ihre professionell-pädagogische Einschätzung des Schülers bereichern kann. Einigen Sie sich – insbesondere wenn Sie eine neue Klasse übernehmen – mit den Eltern im Rahmen von Elternabenden (Tipp 75–85) und in persönlichen Gesprächen auf gemeinsame Ziele in der pädagogischen Arbeit und legen Sie diese schriftlich fest (Tipp 4). Dies führt zu einer konstruktiven Zusammenarbeit und hat zudem den Nebeneffekt, dass die Schüler Sie nicht gegen ihre Eltern ausspielen können.

› Tipp 75–85
› Tipp 4

Besprechen Sie gemeinsam mit den Schülern und ihren Eltern gewisse Ziele und „Spielregeln“, die Ihnen hinsichtlich der Erziehung und des Miteinanders an der Schule wichtig und für die schulische Entwicklung des Kindes von Bedeutung sind. Die „Spielregeln“ muss der Schüler während seines Aufenthaltes in der Schule berücksichtigen; die Eltern müssen sie aber auch zu Hause konsequent einhalten. Wie solche Ziele und Regeln formuliert sein können, wird in Tipp 4 beispielhaft gezeigt.

› Tipp 4

Das Aufstellen der Ziele und „Spielregeln“ schafft ein Vertrauensverhältnis, in dessen Rahmen sich Eltern und Lehrer bei auftretenden Problemen in der Erziehung der Kinder und Jugendlichen gegenseitig helfen. Sie lernen dabei voneinander und unterstützen sich gegenseitig. Dies erfordert natürlich auf beiden Seiten Offenheit, die u. a. dadurch erreicht wird, dass Werte, Haltungen sowie die allgemeinen Regeln in Form eines Schulprogramms von allen Beteiligten gemeinsam und partnerschaftlich festgelegt werden. Zudem müssen die Vereinbarungen für jeden transparent sein.

Transparente Regeln gemeinsam festlegen

Um die Ecke gedacht

Regeln, die sowohl für die Schule als auch für die Elternhäuser der Schüler gelten, sind insbesondere deshalb von großer Bedeutung, weil die Heranwachsenden ansonsten in zwei Welten leben, sich jeweils auf unterschiedliche Haltungen einstellen müssen und keine der Welten als die ihre ansehen können. Für die Eltern bedeuten die Regeln eine konkrete Hilfestellung in allen Belangen der Erziehung ihrer Kinder. Die Schule wird zum Partner, der sie in diesen Fragen begleitet und kompetent berät.

Gleich mal ausprobieren

Machen Sie die Themen „Erziehung“ und „Gemeinsame Ziele“ zu einem wichtigen Tagesordnungspunkt auf dem ersten Elternabend der Klasse (Tipp 78). Geben Sie den Eltern bei

› Tipp 78

dieser Veranstaltung Raum, ihre eigenen Vorstellungen und Ideen einzubringen und diese gemeinsam mit allen Anwesenden zu diskutieren. Nicht zuletzt erfahren die Mütter und Väter dann auch von Problemen anderer Eltern und sehen sich bei Unsicherheiten in der Erziehung nicht mehr isoliert und als Versager.

Beziehen Sie im Anschluss an den Elternabend auch die Schüler in den Prozess der Aufstellung von Erziehungszielen und transparenten „Spielregeln" ein. Thematisieren Sie die beschlossenen Ziele z.B. in Ihrer Klassenleiterstunde oder SV-Stunde. Sofern großer Diskussionsbedarf für einen oder mehrere Aspekte besteht, können die jeweiligen Punkte beim nächsten Elternabend erneut angesprochen werden. Vielleicht haben die Schüler auch ergänzende Ansätze, die dann ebenfalls zur Diskussion gestellt werden können. So entwickeln die Schüler einerseits ein Verständnis für die beschlossenen Regeln sowie die Konsequenzen bei deren Nichteinhaltung und übernehmen andererseits Verantwortung für sich selbst und das eigene Handeln.

Achtung!

Vermeiden Sie es, beim Festlegen der „Spielregeln", den Eltern Unfähigkeit vorzuwerfen und Ziele der gemeinsamen Erziehung von oben herab zu indoktrinieren.

Selbstverständlich kann aber trotz aller Offenheit in solchen Gesprächen nicht an in unserer Gesellschaft geltenden Werten und Normen sowie diesbezüglichen Haltungen Ihrer Schule gerüttelt werden. Sie dürfen nicht zulassen, dass diese in der Diskussion angegriffen bzw. verworfen werden.

Fassen Sie die mit den Eltern und Schülern besprochenen und vereinbarten Ziele und Regeln (Tipp 3) zusammen und lassen Sie sie – quasi als Erziehungsvertrag – von ihnen unterschreiben. Ein solcher Vertrag könnte beispielsweise wie folgt aussehen:

› Tipp 3

Gleich mal ausprobieren

Ziele und Regeln der Klasse 5c

Wir, die Schüler, Eltern sowie Lehrer der Klasse 5c, haben uns am 27.09.2010 auf folgende Erziehungsziele geeinigt:

1. Wir wollen höflich sein.
2. Wir sind tolerant anderen Menschen gegenüber.
3. Wir sind ordentlich.
4. Wir gehen ehrlich miteinander um.
5. Wir sind gewissenhaft.

Um diese Ziele zu erreichen, legen wir folgende Regeln des gemeinschaftlichen Handelns fest, die wir alle, Schüler, Eltern sowie Lehrer beachten und einhalten werden:

1. Wir lassen unsere Mitschüler ausreden.
2. Wir melden uns und warten, bis wir drangenommen werden.
3. Wir führen ein Hausaufgabenheft und erledigen regelmäßig unsere Hausaufgaben.
4. Wir hören einander zu.
5. Wir essen und trinken nicht im Unterricht.
6. Wir lassen das Handy im Klassenzimmer ausgeschaltet.

Bemerkungen:
Bei wiederholtem Verstoß gegen diese Regeln erfolgt ein Beratungsgespräch zwischen den Eltern, dem Schüler und dem Klassenlehrer.

Musterstadt, den 27.09.2010

Für die Schüler:	Für die Eltern:	Für die Lehrer:
____________	____________	____________

5 MEILENSTEINE SETZEN

Ein wichtiger Aspekt in der erfolgreichen Zusammenarbeit zwischen Lehrern und Eltern ist neben dem gemeinsamen Aufstellen von Erziehungszielen (Tipp 3, 4) das Festlegen von kleineren Etappenzielen auf dem Weg dorthin, den sogenannten Meilensteinen. Dies hat den Vorteil, dass alle Beteiligten in sicheren und überschaubaren Abschnitten auf das vereinbarte Ziel hingeführt werden, ohne von dessen anfänglicher Unüberschaubarkeit und bedrohlicher Größe eingeschüchtert zu werden. Außerdem halten gesetzte Meilensteine Schüler, Eltern und Lehrer auf Kurs in Richtung des großen Ziels.

› Tipp 3, 4

Etappenziele und konkrete Maßnahmen in den Blick nehmen

Besprechen Sie beispielsweise während eines Beratungsgesprächs nicht nur die Endziele, sondern nennen Sie auch Zwischenetappen und Maßnahmen, die dem Schüler auf dem Weg dorthin behilflich sein können. Anstatt die eigentlichen Ziele in den Fokus der Aufmerksamkeit zu rücken, werden also diese Meilensteine in den Blick genommen.

Nicht so: Sondern so:

Achtung!

Wichtig ist, dass sowohl das zu erreichende Ziel als auch die Meilensteine dorthin schriftlich fixiert werden und deren Notwendigkeit von allen Beteiligten anerkannt wird. Zusätzlich sollte zu jedem Haupt- oder Teilziel ein konkreter Zeitplan besprochen werden. Auf diese Weise sind die Ziele stets präsent und verschieben sich nicht permanent nach hinten.

Gleich mal ausprobieren

Es genügt nicht, wenn Sie während eines Beratungsgespräches – beispielsweise im Rahmen eines Elternsprechtages (Tipp 27) – den Eltern mitteilen, ihr Sohn müsse seine Leistungen in Englisch verbessern. Stattdessen suchen Sie unmittelbar nach kleineren Zielen, die diesem Hauptziel vorgeschaltet werden. Innerhalb der kommenden Tage sollen etwa die Hausaufgaben in Englisch regelmäßiger und sorgfältiger erledigt werden, was wiederum eine Grundlage für den nächsten Schritt darstellt, der den Schüler innerhalb der darauffolgenden Wochen mit einer aktiven Beteiligung am Unterrichtsgeschehen in diesem Fach beginnen lässt. Weitere Etappen in Richtung des anvisierten Ziels können etwa das Einüben der unregelmäßigen Verben und das Wiederholen zentraler grammatischer Strukturen sein.

› Tipp 27

Nach dem zuvor festgelegten Zeitpunkt, zu welchem das Ziel erreicht sein sollte, wird ein weiterer Gesprächstermin vereinbart, um das Ergebnis zu überprüfen oder ggf. alternative Meilensteine zur erneuten Erleichterung des Weges dorthin einzufügen.

Ist das Ziel erreicht, wird gemeinsam ein neues ausgemacht und die dafür hilfreichen oder notwendigen Meilensteine werden bestimmt.

› Tipp 5

Das in Tipp 5 vorgeschlagene Konzept der Meilensteine lässt sich auch für Ihre Elternarbeit nutzen. Bevor Sie das Fernziel einer effektiven und erfolgreichen Zusammenarbeit mit den Eltern erreichen, müssen Sie für sich die folgenden Etappen in Form von Aspekten und Fragen bedenken bzw. bearbeiten. Diese Meilensteine, können dabei durchaus um weitere, individuell auf Ihre Situation angepasste Gesichtspunkte erweitert werden.

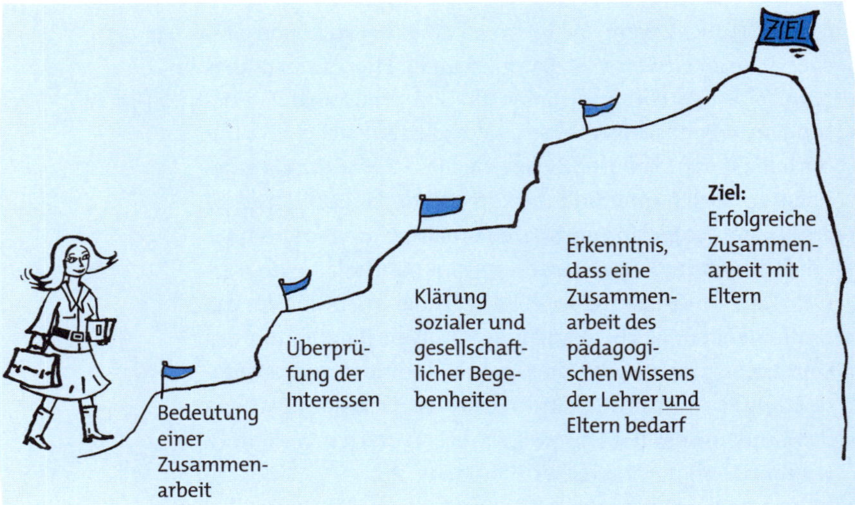

Gleich mal ausprobieren

Erster Meilenstein: Machen Sie sich in einem ersten Schritt klar, was Ihnen eine erfolgreiche Zusammenarbeit mit den Eltern bedeutet bzw., was Sie darunter verstehen.

- Welche Bedeutung messen Sie der Elternarbeit bei?
- Was möchten Sie als Lehrer in Ihrem Verhältnis zu den Eltern erreichen?
- In welchen Aufgabenbereichen stellen Sie sich eine Zusammenarbeit vor?
- Wie können Sie die Eltern zu einer Zusammenarbeit motivieren?

Zweiter Meilenstein: Überprüfen Sie, ob sich Ihre Vorstellungen hinsichtlich einer Zusammenarbeit mit denen der Eltern vereinbaren lassen. Nachdem Sie sich Klarheit über Ihre eigenen diesbezüglichen Prinzipien verschafft haben, gleichen Sie diese mit denen der Eltern ab.

- Welche Interessen an einer Zusammenarbeit haben Sie als Lehrkraft?
- Welche Interessen sind von den Eltern Ihrer Schüler zu erwarten?
- Benötigen Sie zur Unterstützung Ihrer Arbeit die Anerkennung der Eltern?
- Zeigen die Eltern ernsthaftes Interesse an der schulischen Entwicklung ihres Kindes?
- Engagieren sie sich für bessere Rahmenbedingungen im Lebensraum Schule?
- Wird die Mitarbeit von Eltern an Ihrer Schule gefördert – von der Schulleitung sowie von Ihnen persönlich? Wenn ja, wie?

Dritter Meilenstein: Das Gelingen der Mitarbeit von Eltern im System Schule hängt nicht zuletzt vom sozialen und gesellschaftlichen Umfeld ab, in dem sich die Mütter und Väter der Schüler bewegen. So bedürfen Eltern aus bildungsfernen Schichten in der Regel einer besonderen, intensiven Motivation (Tipp 50). Klären Sie die diesbezügliche Ausgangslage.

› Tipp 50

- Wie schätzen Sie das soziale Umfeld ein, in dem sich die Eltern Ihrer Schüler bewegen?
- Rechnen Sie mit Schwierigkeiten in Bezug auf die Mitarbeit der Eltern?
- Wie können Sie auch zurückhaltende Eltern eingehend motivieren?

Vierter Meilenstein: Berücksichtigen Sie, dass eine erfolgreiche Zusammenarbeit sowohl der fachlichen Kenntnisse des Lehrers als auch der erzieherischen Kompetenzen der Eltern bedarf (Tipp 2).

› Tipp 2

7 Schriftliche Mitteilungen verfassen

› Tipp 8

Als Lehrer müssen Sie immer wieder auch unangenehme Nachrichten in schriftlicher Form an Schüler oder deren Eltern weitergeben. Dazu zählen Mahnungen (Tipp 8), Nichtversetzungen, Ordnungsmaßnahmen oder Verweise. Um diese professionell zu verfassen, empfiehlt sich die Beachtung einiger Regeln.

Gleich mal ausprobieren

- Sprechen Sie in Ihrem Schreiben die gegenwärtige Situation des Schülers konkret an und verallgemeinern Sie nicht. Fordern Sie die Eltern oder den Schüler nach der Vorstellung Ihrer Sichtweise auf, dazu Stellung zu nehmen und die Sachlage aus ihrer Perspektive darzustellen. Bieten Sie ihnen hierzu einen Gesprächstermin an, bei dem Sie ein offenes Ohr für ihre Einschätzung haben, aber auch erneut ausdrücklich auf die Gründe für das Schreiben, vor allem in Bezug auf die Erziehung des Schülers hinweisen.
- Verdeutlichen Sie Ihren Eindruck von dem betreffenden Schüler, indem Sie Beispiele aus dem schulischen Alltag konkret benennen. Belegen Sie auffälliges Verhalten mit Datumsangaben oder mit einem Hinweis auf vorhandene Unterlagen (z. B. das Klassenarbeitsheft des Schülers). Vor allem Ersteres setzt natürlich eine gewissenhafte Aufzeichnung der schulischen Mitarbeit aller Schüler voraus, sodass Sie im Zweifelsfall stets darauf zurückgreifen können.
- Die Verwendung von negativen Adjektiven kann verletzend wirken und sollte daher vermieden werden. Schreiben Sie also nicht „Ihr Kind ist faul“, sondern eher „Ich habe den Eindruck, Peter arbeitet im Unterricht zu oberflächlich mit“.
- Geben Sie Ihrem Schreiben eine Struktur, die Ihr Anliegen zielstrebig auf den Punkt bringt. Nichts ist verwirrender und unprofessioneller als ein Brief, der „vom Hölzchen aufs Stöckchen“ kommt, also zwischen Argumenten hin und her springt.

Von Lehrern ausgestellte Mahnungen und Missbilligungen sind häufig Anlässe für Elterngespräche.
In der Regel existieren an Schulen für Mahnungen vorgefertigte Schreiben, in denen lediglich die zu mahnenden Fächer eingetragen werden müssen. Erkundigen Sie sich im Sekretariat danach. Das Ausfüllen wird zumeist vom Klassenlehrer übernommen, der die Schreiben auch kuvertiert und im Sekretariat zum Versenden abgibt.

Achtung!

Gemahnt werden sollten alle Fächer, in denen der Schüler im Halbjahreszeugnis ausreichende oder bessere Leistungen bescheinigt bekommen hat, die aber im zweiten Halbjahr nun gefährdet zu sein scheinen. Das bedeutet, dass auch die Fächer gemahnt werden sollten, in denen der Schüler nicht zwangsläufig, aber möglicherweise eine mangelhafte oder ungenügende Note erhalten wird.
Beachten Sie unbedingt den Termin der Mahnfristen und halten Sie diesen ein. Er wird rechtzeitig durch die Schulleitung bekannt gegeben.

Das Gespräch mit den Eltern suchen

Eltern müssen auf das Mahnschreiben reagieren, zumindest durch Rückgabe der unterschriebenen Kenntnisnahme. Bieten Sie ihnen ein Gespräch an, in dem Sie den Grund der Mahnung persönlich besprechen und die Einstellung der Eltern hierzu ergründen. Auf diese Weise können Missverständnisse aus dem Weg geräumt werden. Reagieren Sie gelassen, wenn sich Eltern kritisch zum Erhalt des Schreibens äußern (Tipp 21, 22), und weisen Sie sie erneut auf die besprochenen Erziehungsziele hin.

› Tipp 21, 22

9 FÖRDERPLÄNE AUFSTELLEN

Im Rahmen einer intensiven Förderung und Betreuung aller Schüler gehört es zu den Aufgaben der Lehrkräfte, einen verbindlichen Förderplan für diejenigen zu erstellen, deren Versetzung gefährdet ist. Ein mithilfe aller den betreffenden Schüler unterrichtenden Lehrer aufgestellter, detaillierter Plan schafft eine größtmögliche Transparenz zwischen Beurteilung und erbrachter Leistung und bietet dem Schüler eine wichtige Hilfestellung, seine Defizite aufzuarbeiten. Ein solcher Plan kann jedoch nur dann erfolgreich sein, wenn Sie diesbezüglich mit den betreffenden Eltern zusammenarbeiten – von ihnen erhalten Sie zusätzliche Informationen über den Schüler, anhand derer Sie Rückschlüsse auf seinen Förderbedarf ziehen können. Umgekehrt sollten aber auch die Eltern – nach dem Schüler – die Ersten sein, denen Sie den Förderplan in einem persönlichen Gespräch vorstellen und erläutern. Oft ist es darüber hinaus notwendig, die Eltern in die konkrete Umsetzung des Plans einzubeziehen, sie also z. B. bei der Kontrolle der Hausaufgaben in die Verantwortung zu nehmen.

Die Eltern in die Aufstellung und Umsetzung des Plans einbeziehen

Gleich mal ausprobieren

› Tipp 34

› Tipp 3, 4

Ein Förderplan lässt sich für einen Schüler anhand Ihrer Schülerbeobachtungen (Tipp 34) erstellen, indem die eruierten Aspekte verschriftlicht und um Hinweise zur Intensivierung aller Kompetenzen ergänzt werden. Sowohl Unterrichts- als auch Erziehungsziele (Tipp 3, 4) (z. B. Eigenverantwortung übernehmen, Ordnung halten, ein Aufgabenheft führen, zuhören können, Informationen weitergeben, Kontakte aufbauen), die auf die personelle, räumliche und sachliche Ausgangslage in der Schule sowie nach Möglichkeit auch zu Hause (durch Gespräche mit den Eltern herauszufinden) abgestimmt sind, spielen dabei eine Rolle.

Der Förderplan fasst somit alle wichtigen Informationen über den zu fördernden Schüler zusammen und formuliert Ziele sowie Wege und Mittel zu deren Erreichung (z. B. Materialien, Medien, sonstige Hilfen). Wichtig ist hierbei, dass der

Förderplan individuell für den betreffenden Schüler erstellt wird und ausschließlich Empfehlungen für ihn persönlich enthält, nicht für den Unterricht generell.

Um die Ecke gedacht

Bei der Beschreibung des gegenwärtigen Leistungsstands des Schülers im Förderplan sollte nicht dort angesetzt werden, wo Schwierigkeiten liegen, sondern es sollte vielmehr erläutert werden, was bereits gelernt und verstanden wurde. Fällt Ihnen beispielsweise auf, dass Marcel Schwierigkeiten in der Anwendung der Satzgruppe des Pythagoras hat, muss die individuelle Förderung unterhalb dieser Stufe ansetzen, also bei dem, was der Schüler verstanden hat. Weitere Beobachtungen im Rahmen der nächsten Unterrichtsstunden können diesbezüglich Klarheit verschaffen, und so fällt Ihnen vielleicht auf, dass Marcel den Satz an gegebenen Dreiecken anwenden kann, nicht jedoch bei Aufgaben, zu denen keine Abbildungen vorliegen. Der Schüler weist also Defizite im Vorstellungsvermögen sowie in der Transferleistung auf. Aus diesen und weiteren während der Beobachtungszeit gesammelten Erkenntnissen formulieren Sie nun Ziele, die Marcels Schwierigkeiten beheben helfen, und überlegen gemeinsam mit ihm einen „Fahrplan", wie und bis wann diese Ziele erreicht werden sollen.

Zeitliche Vorgaben angemessen wählen

Die zeitlichen Vorgaben im Förderplan müssen angemessen gewählt werden, d. h., es dürfen weder zu lange Intervalle noch zu kurze Abstände, die alle Beteiligten unter großen Druck setzen, festgelegt werden. Sie sind zudem individuell an die Eigenschaften des Schülers anzupassen. Während bei manchen die Lernprozesse äußerst langsam ablaufen und aufgestellte Förderpläne über einen langen Zeitraum ihre Gültigkeit behalten, können sie bei anderen schnell hinfällig werden, weil die festgelegten Ziele bereits erreicht wurden. Die Erreichung der Ziele sollte in Zusammenarbeit mit den Lehrern, Eltern und dem Schüler überprüft werden.

10 Mitwirkungsrechte der Eltern beachten

Ein wichtiger Aspekt der Elternarbeit stellt die gesetzlich garantierte und geforderte Mitwirkung in schulischen Gremien dar. Hierzu hat jedes Bundesland ein eigenes Konzept entwickelt, wonach die Mitwirkung der Eltern in der Schule sowie in der Region (z. B. im Rahmen von Landeselternbeiräten) in unterschiedlichem Umfang und in vielfältiger Ausgestaltung in den Landesverfassungen sowie den Schulgesetzen geregelt ist. Die Eltern haben sowohl das Recht als auch die Pflicht, die Erziehungs- und Bildungsarbeit der Schule zu fördern und mitzugestalten. Eine gute Gelegenheit zur Intensivierung sowie zur Aufrechterhaltung der Verbindungen zwischen Elternhaus und Schule im Hinblick auf die gemeinsame Verantwortung bei der Erziehung der Schüler sind regelmäßige Elternabende (auch Elternversammlung oder Klassenpflegschaftssitzung genannt, Tipp 76). Eltern und Lehrer tauschen sich während dieser Sitzungen gegenseitig aus, beraten sich und erhalten voneinander Anregungen für den Umgang mit den Kindern und Jugendlichen. Darüber hinaus dient der Elternabend dem Kennenlernen und dem persönlichen Kontakt mit den Lehrern einer Klasse sowie der Eltern untereinander, was für eine Mitwirkung in schulischen Gremien eine wichtige Voraussetzung ist.

› Tipp 76

Persönlicher Kontakt als wichtige Voraussetzung

Gleich mal ausprobieren

Als Klassen- bzw. Fachlehrer informieren Sie die Eltern beim Elternabend über Ihren Eindruck von der Klasse. Dazu gehören der allgemeine (fachliche) Leistungsstand, aber auch das soziale Verhalten innerhalb der Gruppe und gegenüber anderen Klassen sowie Probleme jeglicher Art. Besondere Aspekte des Stundenplans, etwa zusätzliche Angebote wie Arbeitsgemeinschaften, Wahlpflichtbereiche usw. können hier ebenso vorgestellt werden wie Kriterien der Notengebung, geplante Wanderfahrten oder Hinweise zur Bücherausgabe. Die Besprechung von Einzelfällen bedarf der Zustimmung aller Eltern.

Die eigene Elternarbeit kritisch reflektieren

11

Sich mithilfe eines Fragebogens selbst einschätzen

Verschaffen Sie sich mithilfe des folgenden Fragebogens einen Überblick über den Status quo Ihrer derzeitigen Zusammenarbeit mit Eltern. Schätzen Sie selbst offen und ehrlich ein, welche der genannten Aspekte Sie Ihrer Meinung nach bereits erfolgreich durchführen und bei welchen Sie Beratungsbedarf haben. Letztere lassen sich beispielsweise im Rahmen einer kollegialen Fallberatung optimieren.

Gleich mal ausprobieren

Aspekte der Elternarbeit	Beherrsche ich	Optimierungsbedarf	Noch nicht durchgeführt
Leitung eines Elternabends			
Organisation eines thematischen Elternabends			
schriftliche Kommunikation			
Elterngespräch persönlich			
Elterngespräch telefonisch			
Mitteilung unangenehmer Nachrichten			
Konfliktgespräch			
Unangemeldeter Elternbesuch			
Elternsprechtag			
Eltern im Unterricht			
Erziehungsvertrag			
Umgang mit „schwierigen" Eltern			
Umgang mit Kritik			

Aspekte der Elternarbeit	Beherrsche ich	Optimierungs-bedarf	Noch nicht durchgeführt
Begründung der Leistungs-bewertung			
Erarbeitung von Förder-plänen			
Schullaufbahnberatung			
Umgang mit Gewalt an der Schule			

Sich über das Thema informieren

12

Literaturtipps

Zusätzliche Informationen entnehmen Sie nachfolgenden, empfehlenswerten Büchern:

- Bernitzke, Fred/Schlegel, Peter (2004): Das Handbuch der Elternarbeit. Bildungsverlag EINS: Troisdorf.
- Kohn, Martin (2010): 99 Tipps – Besondere Schultage. Cornelsen Scriptor: Berlin.
- Kohn, Martin (2010): Hilfe, mein Kind hängt im Netz! Kösel: München.
- Kohn, Martin (2009): Dialog der Kulturen. Westermann: Braunschweig.
- Kohn, Martin (2007): Gemeinsam erziehen. Klett: Leipzig.
- Kohn, Martin (2007): Rotes Tuch Schule. Balance: Bonn.
- Kowalczyk, Walter/Ottich, Klaus (1994): Der Elternabend. Rowohlt: Reinbek.
- Molcho, Samy (1996): Körpersprache. München: Goldmann.
- Rademacher, Bärbel (2004): Eltern & Lehrer in konstruktiver Zusammenarbeit. AOL: Lichtenau.
- Schulz von Thun, Friedemann (2002): Miteinander reden, Band 1. Rowohlt: Reinbek.

Sich auf das Gegenüber einlassen

13 Das Gegenüber als Individuum wahrnehmen

Um im schulischen Alltag Gespräche erfolgreich führen zu können – sei es mit Schülern oder mit deren Eltern –, müssen Sie sich auf Ihren Gesprächspartner einstellen und sich ganz auf ihn einlassen. Seien Sie sich stets dessen bewusst, dass der Mensch, der Ihnen gegenübersitzt, ein Individuum mit eigenen Wahrnehmungen, Erfahrungen, Gefühlszuständen und Denkweisen ist, die möglicherweise von Ihren abweichen.

Um die Ecke gedacht

- Nicht alle Wahrnehmungen, die ein Mensch durch die Repräsentationssysteme (z.B. Riechen, Sehen, Hören, Fühlen) aufnimmt, werden 1:1 an das Zentralnervensystem weitergeleitet. Sie werden vom Individuum vielmehr aufgrund seiner Erfahrungen und seiner Glaubenssätze gefiltert. Somit entwickelt jeder Mensch für sich ein individuelles Modell von der Welt – das jedoch immer nur ein begrenztes Abbild von ihr darstellt.
- Die Denk- und Weltmodelle anderer Menschen kann man – in der eigenen Wahrnehmung gefangen – nur begrenzt kennenlernen und erfassen.
- Das Verhalten des Menschen gründet zum einen auf seinem individuellen Denk- und Weltmodell, ist zum anderen aber auch das Ergebnis des Zustandes, in dem er sich befindet. Jeder erfährt die unterschiedlichsten neurophysiologischen Zustände: positive (Liebe, Vertrauen, Freude) wie negative (Angst, Trauer). Diese Zustände bestimmen sein Verhalten und kosten ihn teilweise enorme Kraft und Energie.

Das Vier-Ohren-Modell beachten

14

Vier verschiedene Aspekte einer Nachricht

Während eines Elterngespräches sollten Sie sich immer dessen bewusst sein, dass die von Ihnen als Sprecher formulierten Nachrichten unterschiedliche Aspekte beinhalten und von Ihrem Gesprächspartner anders aufgefasst werden können, als Sie dies intendierten. Jede von Ihnen gesendete Botschaft und jede empfangene Nachricht hat nämlich eine sachliche, eine beziehungsrelevante, eine selbstoffenbarende und eine appellierende Funktion (Schaubilder im Folgenden aus: Schulz von Thun, Friedemann: Miteinander reden 1. Störungen und Klärungen. Allgemeine Psychologie der Kommunikation © 1981 by Rowohlt Taschenbuch Verlag GmbH, Reinbek bei Hamburg.):

Sachaspekt
(klare und verständliche Mitteilung)

Selbstoffenbarung
(eigene Persönlichkeit)

Nachricht

Appell
(Funktion der Nachricht)

Beziehung
(Behandlung des Gesprächspartners)

Um die Ecke gedacht

In obigem Schaubild bezeichnet der Begriff Sachaspekt die reine Mitteilung eines Sachverhaltes. Darüber hinaus gibt jeder Sprecher durch den Inhalt seiner Nachricht und die Art, wie er sie ausspricht, stets einen Teil seiner Persönlichkeit preis (Selbstoffenbarung) und verrät seinem Gegenüber seine Einstellung zu ihm (Beziehungsaspekt).

Jede Nachricht hat außerdem eine bestimmte Funktion, da der Sprecher etwas bei seinem Gegenüber erreichen möchte (appellativer Aspekt).

Auch wie die Nachricht beim Gesprächspartner ankommt, hängt mit den vier genannten Faktoren zusammen. So nützt es beispielsweise nichts, als Sprecher sachlich recht zu haben, wenn man mit seinen Äußerungen den Beziehungsaspekt falsch bedient. Je nachdem, wie der Empfänger die Nachricht aufnimmt, kann das Gespräch einen sehr unterschiedlichen Verlauf nehmen. Auch der Empfänger sollte sich dieses Umstands bewusst sein, um die Konversation nicht scheitern zu lassen:

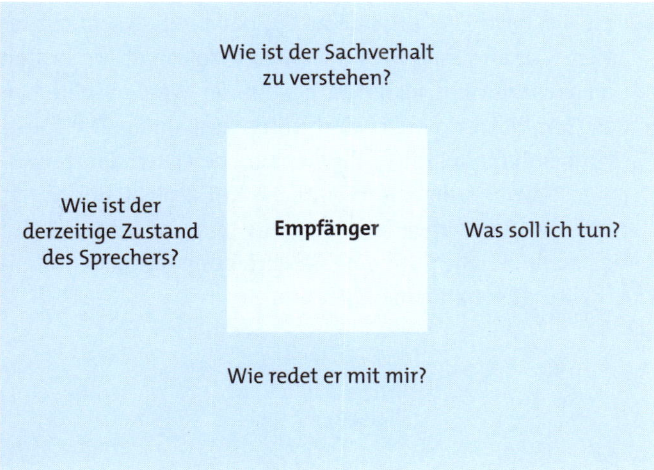

Dass diese Grundregeln der zwischenmenschlichen Kommunikation im Alltag oftmals nicht beachtet werden, zeigt folgendes bekannte Beispiel von Friedemann Schulz von Thun. Während einer Autofahrt sagt der Mann auf dem Beifahrersitz zu seiner Ehefrau am Steuer: „Du, die Ampel da vorne ist grün!" Die Frau kann diese Aussage auf vier verschiedene Arten auffassen:

Die Ampel ist grün.

Ich habe es eilig.

„Du, die Ampel da vorne ist grün!“

Gib Gas!

Du brauchst meine Hilfestellung!

Gleich mal ausprobieren

Für Ihre schulische Arbeit mit Eltern bedeutet dieses Modell, dass Sie, bevor Sie auf eine an Sie gerichtete Nachricht reagieren, analysieren müssen, wie die Botschaft am besten und gewinnbringendsten aufgenommen werden sollte, um das Gespräch erfolgreich fortführen zu können. Die Nachricht beinhaltet nämlich alle vier der oben geschilderten Aspekte: So muss eine vermeintliche Kritik nicht unbedingt persönlich oder appellativ gemeint sein, sondern es kann sich auch lediglich um eine Beschreibung der gegenwärtigen Situation handeln.

Michael wird selten drangenommen.

Mein Sohn wird benachteiligt.

„Sie nehmen meinen Sohn Michael so selten dran.“

Nehmen Sie Michael öfter dran!

Ich vertraue Ihrer Beurteilung nicht.

15 Ankern in der Schule

Die Methode des Ankerns kann dazu dienen, bei Elterngesprächen beispielsweise im Rahmen eines Elternsprechtages (Tipp 27) eine für alle Seiten angenehme Atmosphäre herzustellen, die wiederum eine unabdingbare Grundlage für eine erfolgreiche Gesprächsführung und gute Gesprächsergebnisse ist.

› Tipp 27

Um die Ecke gedacht

Der russische Physiologe Ivan Pavlov (1849–1956) fand im Rahmen seiner Studien heraus, dass der Speichelfluss von Hunden durch die Betätigung eines sogenannten Ankers aktiviert werden kann. Kurz bevor den Tieren Nahrung gegeben wurde, erklang im Labor eine Glocke. Die Hunde lernten im Laufe der Zeit, den Klang der Glocke als Einladung zum Essen zu verstehen, und reagierten auf das Geräusch mit Speichelfluss. Die Glocke wurde ein auditiver Anker für den Zustand der Fressvorbereitung; das Geräusch bewirkte den Speichelfluss, weil es bei den Hunden eine Erinnerung aktivierte.

Jeder Mensch trägt sogenannte natürliche Anker in sich. So lässt uns der Geruch von Weihnachtsplätzchen oder Tannennadeln sofort an Weihnachten in unserer Kindheit denken (olfaktiver Anker), rote Einträge in einem Heft erinnern uns an die Eindrücke als Schüler bei der Rückgabe von Klassenarbeiten (visueller Anker), und das Stofftier eines Kindes ruft Sicherheits- und Schläfrigkeitsgefühle hervor (kinästhetischer Anker).

Jeder Mensch trägt natürliche Anker in sich

Auch das Verhalten eines Lehrers, auf das die Klasse immer gleich reagiert, ist ein solcher Anker. Ermahnen Sie die Klasse oder einzelne Schüler beispielsweise stets von einer bestimmten Position im Klassenzimmer aus (stehen Sie dabei etwa an der rechten Tafelseite). Im Laufe der Zeit reagiert die Gruppe bereits darauf, wenn Sie sich in diese Richtung bewegen, und stellt ohne verbale Kommentare Ihrerseits die Gespräche ein.

Gleich mal ausprobieren

Sollten Sie vor Elterngesprächen ein unangenehmes Gefühl verspüren, rufen Sie zuvor eine Erinnerung auf, die Sie mit etwas Positivem verbinden, bzw. setzen Sie sich diesem Sinneseindruck unmittelbar aus. Dies können ein Geräusch bzw. Töne (Musikstück, Lieblingssong), angenehme Gerüche oder ein inneres Bild (eine Landschaft, ein Kunstwerk) sein. Mit diesen Eindrücken werden Sie entspannter und gut gestimmt in das Gespräch gehen, was sich positiv auf Ihre Körpersprache (Tipp 46) und damit auch auf die Haltung Ihres Gegenübers sowie den Gesprächsverlauf auswirken wird.

› Tipp 46

Den Gesprächspartner spiegeln

16

Sich in Mimik, Gestik und Sprechweise angleichen

Jeder Mensch hat das Bedürfnis, wertgeschätzt zu werden. Vermitteln Sie Ihrem Gegenüber im Gespräch dieses Gefühl, so verläuft der Austausch insgesamt harmonischer, weniger anstrengend und für beide Seiten positiv. Erreichen können Sie dies, indem Sie sich in Ihrer Mimik, Gestik und Sprechweise ganz auf den Gesprächspartner einstellen. Beobachtet man beispielsweise Freunde im Gespräch, so stellt man fest, dass sie sich einander in den genannten Aspekten unbewusst angleichen und somit spiegeln. Der Gesprächspartner wird dadurch in einen Zustand versetzt, in welchem er sich wohl, geachtet und verstanden fühlt. Dadurch kann er Informationen besser aufnehmen und die Wahrscheinlichkeit ist groß, dass er für die Argumente seines Gegenübers offen ist und sich von ihnen überzeugen lässt.

Gleich mal ausprobieren

› Tipp 31, 32
› Tipp 75–85
› Tipp 46

Versuchen Sie im Einzelgespräch, bei Beratungen (Tipp 31, 32) sowie während eines Elternabends (Tipp 75–85), die Stimme, den Tonfall, die Sprechgeschwindigkeit, die Mimik, die Körperhaltung und die Gesten des Gesprächspartners (Tipp 46) zu spiegeln. Betonen Sie beispielsweise Wörter so wie er oder atmen Sie im gleichen Rhythmus.

Achtung!

Üben Sie die Methode des Spiegelns mit einem Freund oder guten Bekannten, bevor Sie sie im Elterngespräch einsetzen. Die Gefahr besteht nämlich darin, dass die Art und Weise des Spiegelns übertrieben wird, was auf das Gegenüber irritierend oder abschreckend wirken kann.

Sich mental auf den Gesprächspartner einstellen

17

Mit der Methode des Spiegelns (Tipp 16) können Sie Ihrem Gesprächspartner das Gefühl des Angenommenwerdens vermitteln und sich durch die Anpassung an seine Gestik, Mimik sowie Sprechweise auf ihn einstellen. Daneben sollten Sie sich im Vorfeld des Gespräches aber auch mit möglichen Einstellungen und Gedanken Ihres Gegenübers vertraut machen, um nicht von unerwarteten Argumenten oder Diskrepanzen überrascht zu werden.

› Tipp 16

Gleich mal ausprobieren

Stellen Sie sich im Vorfeld des Gespräches mental auf Ihren Gast ein und versuchen Sie, seine Einstellungen und Haltungen zu folgenden Punkten zu notieren:

- Wünsche,
- Hoffnungen,
- Ängste,
- Vorbehalte,
- Interessen,
- Einstellung zur Erziehung sowie zur Schule,
- Wahrnehmung des Kindes,
- Ansprüche an die Schule,
- Ansprüche an die elterliche Erziehung.

Verschiedene Wahrnehmungskanäle berücksichtigen

18

Jeder Mensch besitzt bevorzugte Wahrnehmungskanäle:

- Visuell orientierte Menschen können Gesehenes beispielsweise „abfotografieren“ und daraus innere Bilder generieren.
- Auditiv orientierte Menschen reagieren stark auf Eigenschaften sowie die Lautstärke der Stimme und können sich leicht an Gesprochenes erinnern.
- Kinästhetisch orientierte Personen hingegen benötigen Bewegungen – wie etwa die Handbewegung beim Aufschreiben – um etwas „begreifen“ zu können.

› Tipp 75–85

In Elterngesprächen bzw. an Elternabenden (Tipp 75–85) ist es für Sie deswegen interessant, die bevorzugten Wahrnehmungskanäle Ihrer Gesprächspartner zu nutzen, da Sie dadurch einen besseren Zugang zu ihnen finden. Ihre Botschaften erreichen die Eltern auf diese Weise gezielt und Sie geben ihnen zudem das Gefühl, verstanden und vor allem ernst genommen zu werden. Außerdem können Sie etwaige Unterlagen und Materialien gezielter vorbereiten sowie die Gestaltung des Gespräches oder des Elternabends besser auf die Anwesenden abstimmen.

Gleich mal ausprobieren

Bereiten Sie Elterngespräche oder Elternabende dahingehend vor, dass Sie die Anwesenden über mehrere Sinneskanäle gleichzeitig ansprechen (Sehen, Hören, Bewegen, Berühren). Auf diese Weise erreichen Sie die große Mehrheit der Eltern, da jeder die Informationen über den von ihm bevorzugten Kanal aufnehmen kann.

Den bevorzugten Wahrnehmungskanal des Gesprächspartners herausfinden

Den bevorzugten Wahrnehmungskanal Ihres Gesprächspartners können Sie durch Beobachten seines Verhaltens während des Gespräches herausfinden. Schon anhand seiner Sprache lässt sich erkennen, welchen Wahrnehmungskanal er gerade benutzt. Benutzt er visuell geprägte Verben und Ausdrücke wie etwa „Ich sehe das so …“, befindet er sich momentan auf der visuellen Wahrnehmungsebene. Verwendet er Ausdrücke wie „Das klingt wie …“, ist vom auditiven Kanal auszugehen, während Formulierungen wie „Ich kann es nicht fassen …“ auf den kinästhetischen Kanal schließen lassen.

Den Gesprächspartner wertschätzen

19

Sie zollen Ihrem Gegenüber im Gespräch Wertschätzung, wenn Sie sich ihm offen, tolerant, höflich und ermutigend zuwenden:

- Akzeptieren Sie Ihren Gesprächspartner uneingeschränkt und bringen Sie dies sowohl durch Ihre verbalen Äußerungen (z. B. Zustimmung, Lob) als auch durch nonverbale Botschaften (z. B. Mimik, Gestik, Tipp 46) zum Ausdruck.

› Tipp 46

- Überwinden Sie vor dem Gespräch in Gedanken möglicherweise bestehende Vorurteile und bemühen Sie sich, die Äußerungen der Eltern vor dem Hintergrund ihrer Vorstellungen und Ansichten zu verstehen (Tipp 2) und auf Schuldzuweisungen zu verzichten. So erreichen Sie, dass sich die Eltern verstanden und akzeptiert fühlen und während des Gespräches selbst Möglichkeiten entwickeln, um das Problem in den Griff zu bekommen.

› Tipp 2

- Zeigen Sie Ihrem Gesprächspartner, dass Sie ihn nicht persönlich bewerten, sondern das Verhalten seines Kindes in einer bestimmten Situation. Sagen Sie also beispielsweise nicht „Ihr Sohn Peter ist ein Zappelphilipp“, sondern drücken Sie eher aus, dass Peters Verhalten in einer oder mehreren bestimmten Unterrichtssituationen Anlass zum Gespräch gibt.

Durch die Einhaltung einer solch offenen Kommunikation entwickelt sich gegenseitiges Vertrauen, mit dessen Hilfe auch zukünftige Probleme effektiv, erfolgreich und gemeinschaftlich angegangen werden können.

Durch offene Kommunikation Vertrauen aufbauen

Gleich mal ausprobieren

Simulieren Sie zur Übung mit einem Partner ein Beratungsgespräch zu einem vorher festgelegten Anlass – das Thema könnte z.B. die drohende Nichtversetzung eines Schülers sein. Ihr Partner spielt einen Elternteil, der aus seiner Sicht Gründe für das Schicksal seines Kindes benennt (z.B. die kürzlich vollzogene Scheidung der Eltern) und seine Hilflosigkeit dokumentiert. Führen Sie dieses Beratungsgespräch als Lehrer und berücksichtigen Sie dabei die oben erwähnten Kriterien und Hinweise bezüglich einer erfolgreichen Gesprächsführung.

20 Empathie und Kongruenz zeigen

› Tipp 19

Stellen Sie sich inhaltlich und methodisch auf wichtige Elterngespräche ein, indem Sie im Vorfeld überlegen, wie Sie Ihrem Gesprächspartner neben der erwähnten Wertschätzung (Tipp 19) auch Empathie und Kongruenz entgegenbringen können, um auf diese Weise ein positives Gesprächsklima zu garantieren.

Gleich mal ausprobieren

- Unter **Empathie** versteht man das einfühlende Verstehen, das Sie Ihrem Gesprächspartner entgegenbringen, indem Sie sich beispielsweise während eines Beratungsgespräches in seine Situation, Gefühle, Gedanken und persönliche Auffassungen hineinversetzen. Sie schalten Ihre eigene Haltung zu den Schilderungen aus Ihrer individuellen Sichtweise heraus aus. So erreichen Sie, dass die Eltern ihre Reserviertheit und die Angst ablegen, über ihre Gefühle zu sprechen, weil sie sich von Ihnen verstanden fühlen und annehmen, dass sie Hilfestellung erwarten können.
- **Kongruenz** vermittelt Ihrem Gegenüber Ihr ernsthaftes, authentisches Interesse an seinen Ausführungen und Gefühlen. Sie signalisieren ihm durch Kongruenz echte Anteilnahme an seiner Situation. Seien Sie dafür im Gespräch ganz Sie

selbst und versuchen Sie nicht, Ihrem Gesprächspartner durch Gesprächstechniken (rhetorische Fragen o. Ä.) Informationen zu entlocken, die er von sich aus nicht preisgeben würde. Achten Sie in Ihren Äußerungen besonders auf die Wirkung nonverbaler Botschaften, die mit Ihren verbalen Nachrichten im Einklang sein müssen.

Mit Kritik konstruktiv umgehen

21

Beschwerden oder Kritik von Eltern gehören zum schulischen Alltag. Eltern haben ein Recht darauf, ihre Ansichten zu äußern. Nicht immer bedeutet eine elterliche Beschwerde allerdings eine generelle Unzufriedenheit mit dem jeweiligen Lehrer. Vielfach sind es nur einzelne Aspekte, die Anlass zu Kritik oder Nachfrage geben. Dazu gehören beispielsweise die Menge der Hausaufgaben sowie Fragen zur Leistungsbewertung (Tipp 29, 30) oder zu schriftlichen Überprüfungen.

› Tipp 29, 30

Umgekehrt bedeutet es aber auch nicht, dass Eltern rundherum zufrieden sind, wenn sie sich nicht beschweren. Viele Eltern haben nämlich Hemmungen, ihren Unmut vor Lehrern zu äußern, weil sie eine Verschlechterung der Situation für ihr Kind befürchten.

Wird angebrachte Kritik von den Lehrern allerdings ernst genommen, kann sie einerseits die Zufriedenheit der Eltern messbar machen und andererseits die Weiterentwicklung und möglicherweise sogar stückweise Verbesserung des Lebensraums Schule für alle Beteiligten bedeuten.

Kritik für die Weiterentwicklung des Lebensraums Schule nutzen

Gleich mal ausprobieren

Motivieren Sie alle Eltern dazu, ihre Kritik zu äußern. Richten Sie nach Möglichkeit „Meckerkästen" ein, um auch ängstliche oder zurückhaltende Eltern anzusprechen und es ihnen zu ermöglichen, ihre Äußerungen schriftlich und anonym zu formulieren. Solche Kästen können natürlich ebenso von den Schülern genutzt werden.

› Tipp 75–85

Darüber hinaus besteht die Möglichkeit, einen Teil jedes Elternabends (Tipp 75–85) der Äußerung von (konstruktiver!) Kritik bzw. der Diskussion von Verbesserungsvorschlägen zu widmen.

› Tipp 9

Schriftliche Umfragen zu schulrelevanten Themen unter allen Eltern einer Schule geben darüber hinaus einen vollständigen Überblick über die Resonanz auf Neuerungen o. Ä. (z. B. die Erstellung von Förderplänen, Tipp 9). Regen Sie im Kollegium an, solche Umfragen zu einer festen Einrichtung an Ihrer Schule zu machen. Die Ergebnisse sollten jeweils schulintern öffentlich kommuniziert werden.

22 Mit destruktiver Kritik professionell umgehen

Kritik wird von Elternseite aus nicht immer konstruktiv geäußert, oft enthält sie Anfeindungen und persönliche Angriffe auf Sie als Lehrer. Sie sollten daher in der Lage sein, rasch einzuschätzen, welcher Art die vorgebrachte Kritik ist, um letztlich gerade auch mit destruktiven Äußerungen professionell umzugehen.

Um die Ecke gedacht

Destruktive Kritik verfolgt in der Regel das Ziel, eigene Interessen durchzusetzen, und verursacht beim Adressaten Schuldgefühle und Ängste. Manche setzen diese Form der Kritik sogar als vermeintliches Machtinstrument ein, etwa um anderen Menschen Schaden zuzufügen. Oftmals werden mit der Kritik weitergehende Drohungen verbunden, um dadurch die eigene Position zu stärken.

Konstruktive Kritik ist erkennbar an einem positiven Interesse an der Sache oder der Person, um die es geht. Der Kritiker möchte die Situation ernsthaft bearbeiten und liefert Handlungsalternativen oder Verbesserungsvorschläge. Die Wirkung beim Adressaten ist positiv – die Kritik wird als Hilfe verstanden.

Gleich mal ausprobieren

Holen Sie bei destruktiver Kritik zunächst tief Luft und verstehen Sie das Gesagte nicht als verbalen Angriff auf Ihre Person. Reagieren Sie keinesfalls auf der persönlichen Ebene (z. B.: „Was bilden Sie sich eigentlich ein?"), die Konversation wird sich dann hochschaukeln und es kommt vielleicht sogar zum Eklat. In jedem Fall wird die gemeinsame Findung eines Lösungsansatzes unnötig erschwert bzw. zunichtegemacht. Besser ist es, wenn Sie sachlich auf den eigentlichen Gesprächsansatz hinweisen und Ihr Gegenüber bitten, einen konstruktiven Vorschlag zur Verbesserung der Situation zu machen.

Ist Ihnen eine Rückkehr auf die Sachebene nicht möglich, etwa weil Sie sich zu sehr persönlich angegriffen und gekränkt fühlen oder weil die Eltern unter keinen Umständen von ihrem Standpunkt abrücken möchten, sollte das Gespräch höflich unterbrochen und zu einem späteren Zeitpunkt fortgesetzt werden.

23 Konfliktsituationen vorbeugen

Während eines Elternsprechtages (Tipp 27) suchen die Eltern von Julia, einer insgesamt mittelmäßigen Realschülerin der siebten Klasse, den Klassenlehrer ihrer Tochter auf. Nach kurzer Zeit nimmt das anfänglich ruhige Gespräch einen anderen Verlauf:

› Tipp 27

Lehrer: *„… Und deshalb kann ich Ihnen nur empfehlen, dass Sie für Ihre Tochter eine Nachhilfe organisieren, damit sie den nicht verstandenen Stoff aufarbeitet."*

Vater: *„Na, das fehlt mir noch. Dafür, dass Sie und Ihre Kollegen Ihre Schüler nicht im Griff haben und der Unterricht dauernd ausfällt, muss ich jetzt auch noch aus eigener Tasche Nachhilfe bezahlen? Was stellen Sie sich eigentlich vor …?"*

Das Beispiel verdeutlicht, wie schnell ein zunächst ruhig und sachlich geführtes Gespräch aus dem Ruder laufen kann. In manchen Fällen lässt sich ein solcher Verlauf vermeiden, wenn Sie sich auf Gespräche, deren Inhalt oder Teilnehmer bereits vermuten lassen, dass sie schwierig werden könnten (z. B., weil Sie mit den betreffenden Gesprächspartnern schon mehrfach eskalierende Diskussionen geführt haben), auf besondere Weise vorbereiten.

Schwierige Gespräche besonders vorbereiten

Gleich mal ausprobieren

Überlegen und notieren Sie sich schon im Vorfeld Argumente sowie eine Verlaufsstruktur des Gespräches. Denken Sie ferner daran, welche Informationen Sie für das Gespräch benötigen (z.B. aus der Schülerakte) und zuvor einholen müssen sowie welche Medien (z.B. Overhead-Projektor, Flipchart o.Ä.) bzw. sonstige Materialien (z.B. Informationsblatt) die Führung des Gespräches (Tipp 41–46) unterstützen können und demnach organisiert werden müssen.

› Tipp 41–46

SOS-Tipp

Sollte die Situation trotz der guten Vorbereitung eskalieren, versuchen Sie, die Ursachen dafür herauszufinden. So kann der negative Verlauf des Gespräches aus einem mangelnden sachlichen oder sprachlichen Verständnis, aus Angst vor einer falschen Entscheidung oder aus angegriffenem Stolz resultieren. Sind Sie sich der Ursachen bewusst, können Sie diese Überlegungen in die Vorbereitung folgender Gespräche einbeziehen.

24

Konflikte in der schulischen Arbeit entstehen oftmals durch einen unzureichenden Informationsfluss zwischen Schule und Elternhaus. Gesagtes wird falsch interpretiert, Handlungen werden über- oder unterbewertet, Botschaften, die über Schüler weitergegeben werden, erreichen den Empfänger nach dem „Stille-Post-Prinzip" unvollständig oder fehlerhaft. All diese Situationen können dazu beitragen, dass sich Eltern missverstanden fühlen und eine Bearbeitung des Konfliktes notwendig wird, um die konstruktive Zusammenarbeit wiederherzustellen.

Mögliche Ursachen für Konflikte

Gleich mal ausprobieren

Bereiten Sie ein Konfliktgespräch besonders sorgfältig vor. Notieren Sie sich vorab den Anlass und das Ziel des Gespräches. Fragen Sie sich ferner, mit wem Sie es zu tun haben, d.h., stellen Sie sich auf Ihren Gesprächspartner ein (Tipp 17).

› Tipp 17

Suchen Sie zudem Antworten auf folgende Fragen:

- Wen könnten Sie zur Klärung des Konfliktes hinzuziehen (z.B. Kollegen oder den Schulpsychologen)?
- Welche Informationen sind dazu nützlich oder sogar erforderlich?
- Welchen Ausgang des Gespräches erwarten Sie?
- Wie gestalten Sie den äußeren Rahmen (Raum, Zeit, Atmosphäre), um das Gespräch erfolgreich führen zu können?

Stellen Sie darüber hinaus den Hintergrund bzw. die Ursache des Konfliktes heraus.

- Wer ist daran beteiligt?
- Welche Rolle nehmen Sie selbst in dem Konflikt ein?
- Sind bereits Maßnahmen eingeleitet worden?

Überlegen Sie sich außerdem bereits vorab, welche Vereinbarungen Sie am Ende des Gespräches treffen möchten, sodass Sie dieses Ziel während der Konversation im Auge behalten können (Tipp 43). Lassen Sie sich auch durch negative Emotionen Ihres Gegenübers nicht dazu verleiten, ebenfalls emotional zu reagieren (Tipp 22).

› Tipp 43

› Tipp 22

Schritte der Konfliktbewältigung

Zusammenfassend lässt sich die Konfliktbewältigung in folgende sechs Schritte einteilen:

Konflikt

1\.

Gesprächsregeln einhalten

2\.

Ursachen/Beteiligte klären

3\.

Perspektiven und Interessen aller Parteien ausmachen

4\.

Alternativen suchen

5\.

Konsens finden

6\.

Schriftliche Vereinbarung von allen Beteiligten unterzeichnen lassen

Unangenehme Nachrichten übermitteln

25

Als Lehrer müssen Sie nicht nur Mahnungen versenden (Tipp 8), auch andere Nachrichten, die Sie zu überbringen haben, können für die Eltern unangenehm sein. Hierzu zählt die Bekanntgabe der Versetzungsgefährdung oder die Mitteilung, dass wegen des Kindes eine Klassenkonferenz einberufen wird. In solchen emotional aufgeladenen Unterhaltungen mit Eltern wird Ihnen als Lehrkraft eine besonders umsichtige und sensible Gesprächsführung abverlangt.

› Tipp 8

Gleich mal ausprobieren

- Reagieren Sie nicht nur auf das, was Ihr Gesprächspartner sagt, sondern achten Sie auch auf seine nonverbalen Botschaften (Tipp 46). Signalisiert dieser Ihnen durch seine Körpersprache, Gestik und Mimik Gleichgültigkeit, Desinteresse, Abneigung oder Abwehr, gehen Sie unmittelbar darauf ein, indem Sie Ihren Eindruck während des Gespräches äußern („Momentan habe ich den Eindruck, dass ...“).
- Bewahren Sie eine ruhige und sachliche Gesprächsführung auch bei einer aufbrausenden Argumentation Ihres Gegenübers. Nehmen Sie keine Äußerungen derart persönlich, dass sie Sie aus der Ruhe bringen oder zu emotionalen Handlungen animieren könnten. Bieten Sie ggf. einen Ausweichtermin an, falls eine sachliche Weiterführung des Gespräches nicht mehr möglich scheint.
- Bereiten Sie das Gespräch sorgfältig vor, indem Sie sich bereits Argumente für Ihre Position überlegen und diese notieren. Sortieren Sie die Argumente derart, dass Sie das beste Argument nicht gleich zu Beginn „verfeuern“, sondern es später an geeigneter Stelle anbringen können.
- Bedenken Sie bei Ihrer Vorbereitung auch mögliche Gegenargumente Ihres Gegenübers und überlegen Sie, wie Sie darauf eingehen und diese ggf. entkräften können.

› Tipp 46

Eltern am Telefon beraten

26

Kommunikation ohne nonverbale Botschaften

Es gibt im Schulalltag immer wieder Situationen, die noch am selben Tag geklärt werden müssen. Manchmal lässt es dann die Zeit nicht zu, sich mit den jeweiligen Eltern zu treffen und ein persönliches Gespräch von Angesicht zu Angesicht zu führen. Bei der Beachtung einiger wichtiger Regeln bietet sich in einem solchen Fall eine Beratung am Telefon an. Da hierbei durch den fehlenden visuellen Kontakt nonverbale Botschaften nicht wahrgenommen werden können, ist aber eine besonders behutsame und organisierte Gesprächsführung unabdinglich.

Gleich mal ausprobieren

- Sprechen Sie während des Telefonats die Situation sehr klar sowie konkret an und beachten Sie, dass der Zuhörer eingestreute „Stilmittel" wie Ironie oder Sarkasmus nur schwer von sachlichen Inhalten unterscheiden kann, weil er Ihre Mimik und Gestik dazu nicht sehen kann. Verzichten Sie also besser gänzlich darauf.
- Wählen Sie eine passende Anrufzeit. Die Mittagszeit und der späte Abend (ab 20 Uhr) sollten für dienstliche Gespräche tabu sein, es sei denn, Sie haben mit den Eltern einen entsprechenden Termin vereinbart.
- Eine Terminvereinbarung, die etwa durch eine Nachricht im Aufgabenheft des Schülers getroffen werden kann, ist generell zu empfehlen. So können sich beide Seiten auf das Gespräch einstellen und der Angerufene wird nicht überfallen. Ist Ihnen dies nicht möglich, fragen Sie zu Beginn des Gespräches, ob der Zeitpunkt passend ist, und bieten Sie ggf. einen erneuten Anruf an.
- Manche Schüler lassen sich am Telefon leicht mit ihren Eltern verwechseln. Stellen Sie also zu Beginn des Telefonats sicher, dass Sie wirklich mit dem gewünschten Gesprächspartner sprechen.
- Nehmen Sie sich für eine Beratung am Telefon Zeit und lassen Sie sich nicht durch andere Aktivitäten, Geräusche o. Ä. ablenken. Sorgen Sie also dafür, dass Sie sich ganz auf das

Gespräch konzentrieren können. Dies bedeutet auch, dass Sie etwa den Fernseher oder das Radio während des Telefonats ausschalten sowie geräuschintensive Räume wie das Lehrerzimmer meiden.

SOS-Tipp

Haben Sie wegen eines überraschenden Anrufs nicht die Möglichkeit, sich sorgfältig auf das Telefonat vorzubereiten, kann Ihnen Folgendes weiterhelfen:

- Stellen Sie Gegenfragen oder fordern Sie Ihren Gesprächspartner auf, einen Vorschlag für das weitere Vorgehen in dem betreffenden Fall zu formulieren. Dadurch gewinnen Sie Zeit und unterstützen ihn gleichzeitig bei der eigenständigen Lösung des Problems.
- Geben Sie ggf. zu, dass Sie eine Frage nicht beantworten können, und bieten Sie dem Anrufer eine Klärung zu einem späteren Zeitpunkt an.
- Teilen Sie dem Anrufer mit, dass dieser Zeitpunkt ungünstig für ein Gespräch ist, und vereinbaren sie einen Alternativtermin, auf den Sie sich sorgfältiger vorbereiten können.

Den Elternsprechtag vorbereiten

27

Erwartungen und Anliegen der Eltern

Während eines Elternsprechtages möchten die Eltern von Ihnen als Lehrer über die Leistungen ihres Kindes informiert werden und viele wollen auch Möglichkeiten genannt bekommen, wie diese verbessert werden können. Darüber hinaus möchten sie etwas über das Lern-, Arbeits- und Sozialverhalten und die prognostizierte Lernentwicklung des Schülers sowie über Ihre Leistungsanforderungen und Beurteilungsgrundlagen (Tipp 30) erfahren. Ein weiteres Anliegen (für viele Eltern wohl der eigentliche Grund ihres Besuches) besteht darin, Sie als Lehrer ihres Kindes kennenzulernen und sich ein Bild von Ihnen machen zu können.

› Tipp 30

Gleich mal ausprobieren

Wichtig ist, dass Sie sich im Vorfeld des Elternsprechtages gründlich auf die zu erwartenden Eltern vorbereiten (Tipp 17) und die notwendigen Unterlagen zurechtlegen:

› Tipp 17

- Notenliste,
- Angaben zum Sozialverhalten,
- empfehlenswerte Möglichkeiten zur Steigerung der Leistungsfähigkeit des Schülers,
- Hinweise für zusätzliche Unterrichtsmaterialien wie Lektüren, Lektürehilfen usw.

SOS-Tipp

Vor allem, wenn Sie Klassenlehrer sind oder Hauptfächer unterrichten, werden sich die Eltern während des Elternsprechtages bei Ihnen sprichwörtlich die „Türklinke in die Hand geben“. Es empfiehlt sich daher, bereits im Vorfeld Listen anzufertigen, auf denen sich die Eltern (beispielsweise im 10- oder 5-Minuten-Takt) zu festen Uhrzeiten eintragen können. Auf diese Weise verschaffen Sie sich einen konkreten Überblick über Ihre Termine, und den Eltern bleibt ein lästiges Schlangestehen erspart. Sollte die Zeit für eine Beratung nicht ausreichen, können Sie einen Termin für eine intensivere Unterhaltung absprechen oder auf Ihre Sprechstunde verweisen.

Mit unangemeldeten Elternbesuchen umgehen

28

› Tipp 26

Genau wie Sie einen unangemeldeten Anruf eines besorgten Elternteils bekommen können (Tipp 26), ist es möglich, dass Eltern plötzlich in der Schule erscheinen, weil sie „kurz“ mit Ihnen sprechen möchten. Diese Situation ist für Sie insbesondere deswegen schwierig, weil sich die Schule den Eltern ja grundsätzlich öffnen möchte und eine ungestörte Kommunikation für eine gute Zusammenarbeit unbedingt erforderlich ist. Andererseits konnten Sie sich aber nicht auf das Gespräch vorbereiten und eventuell notwendige Unterlagen (Zeugnislisten o. Ä.) zurechtlegen. Außerdem stört Sie der Elternbesuch vielleicht während der Wahrnehmung anderer Aufgaben und Pflichten wie etwa der Pausenaufsicht.

Gleich mal ausprobieren

Erkundigen Sie sich zuallererst nach dem Anlass des Gesprächsgesuches. Handelt es sich lediglich um ein kurzes Informationsgespräch, kann dies ggf. spontan geführt werden. Kommen Sie den Eltern in einem solchen Fall entgegen, sodass sie sich nicht erneut auf den Weg in die Schule machen müssen. Lassen Sie sich durch den Überraschungseffekt aber nicht in eine defensive Haltung drängen – in der Sie nur noch reagieren, während die Eltern agieren. Eine solche Situation ist äußerst unbefriedigend und für ein erfolgreiches Gespräch nicht sinnvoll. Führen Sie das Gespräch außerdem auf keinen Fall widerwillig bzw. halbherzig und beachten Sie alle Regeln der verbalen und nonverbalen Gesprächsführung (Tipp 41–46).

› Tipp 41–46

SOS-Tipp

Fühlen Sie sich nicht in der Lage, ein gutes, spontanes Gespräch zu führen (s. o.), so sollten Sie einen Termin vereinbaren, zu dem die Eltern erneut in die Schule kommen, oder bei weniger problematischen Gesprächsthemen eine telefonische Beratung anstreben.
Handelt es sich um ein voraussichtlich intensives Gespräch, das einen entsprechenden Rahmen und die nötige Ruhe benötigt (z. B. bei einer Versetzungsgefährdung), sollten Sie mit den Eltern auf jeden Fall einen Termin vereinbaren, an dem Sie sich in Ruhe und ungestört zusammensetzen können. Der Hinweis auf eine Verschiebung des Gespräches sollte freundlich, aber bestimmt erfolgen.

29 Sich der Bedeutung von Noten bewusst sein

Schulnoten geben nicht nur Rückmeldung über erbrachte oder nicht erbrachte Leistungen eines Schülers, sondern bilden auch die Basis für schulischen Erfolg, der wiederum eine entscheidende Grundlage für einen Ausbildungsplatz oder ein Studium ist.

Daher wird der Benotung durch den Lehrer in den meisten Familien verständlicherweise große Beachtung geschenkt. Umfragen haben ergeben, dass schulische Leistungen sogar die Hauptursache sowohl für persönliche als auch für schulische Probleme von Kindern und Jugendlichen darstellen. Dieses Ergebnis resultiert aus der unmittelbaren Konsequenz unzureichender Leistung (z. B. Nachprüfungen oder Sitzenbleiben), aber auch aus den dadurch enttäuschten Erwartungen und Hoffnungen, die viele Eltern in ihre Kinder setzen. Werden diese nicht erfüllt, kommt es oft zu innerfamiliären Konflikten. Die Konsequenz ist ein erhöhter Leistungsdruck auf die Kinder, die sich somit in einem Teufelskreis befinden: Können sie dem Druck nicht standhalten, enttäuschen sie ihre Eltern erneut, was wiederum Auswirkungen auf die Beziehung zueinander und die Atmosphäre in der Familie insgesamt hat.

Schlechte Noten als häufige Ursache für innerfamiliäre Konflikte

Die Reaktionen der Eltern auf die Leistungsbeurteilung ihrer Kinder bekommen Sie als Lehrer in der Regel nicht mit. Häufig wirken sich aber gerade diese Reaktionen negativ auf das Verhalten der Schüler untereinander, im Unterricht sowie gegenüber den Lehrkräften aus. Schüler reagieren beispielsweise mit Aggression oder Kapitulation auf die Angst, ihre Eltern bei einer weiteren schlechten Note erneut zu enttäuschen und vielleicht mit noch schlimmeren Konsequenzen leben zu müssen. Mit dieser Angst gehen auch Schuldgefühle einher, die verschlechterte Situation in der Familie verursacht zu haben („Nur wegen mir ist meine Mutter jetzt sauer“). Häufig werden diese Gefühle noch von den Eltern verstärkt, indem sie Negatives unmittelbar mit den schulischen Leistungen in Verbindung bringen („Wegen deiner Fünf hab ich wieder angefangen zu rauchen“).

SOS-Tipp

Weisen Sie die Eltern darauf hin, dass solche Reaktionen genau das Gegenteil von dem bewirken, was beabsichtigt ist. Diese „Aufklärung" der Eltern kann am ersten Elternabend (Tipp 75–85) des Schuljahres oder während eines Beratungsgespräches etwa im Rahmen eines Elternsprechtages (Tipp 27) erfolgen.

› Tipp 75–85

› Tipp 27

Gleich mal ausprobieren

Der für die Schüler weitreichenden Bedeutung der Benotung sollten Sie sich stets bewusst sein. Dies heißt natürlich nicht, dass Sie permanent „ein Auge zudrücken" sollen. Vielmehr geht es darum, Ihre Benotung offen und transparent zu gestalten, sodass Schüler wie Eltern auch eine schlechte Bewertung nachvollziehen und Konsequenzen daraus ziehen können (Tipp 30).

› Tipp 30

30 Kriterien zur Notenvergabe offen ansprechen

Je nach Berücksichtigung der schriftlichen Arbeiten (variiert von Fach zu Fach) ist eine Gewichtung der schriftlichen und mündlichen Leistung von bis zu 1:1 möglich. Das bedeutet, dass Schüler, die sich aktiv am Unterricht beteiligen, eine schlechte schriftliche Leistung ausgleichen können. Umgekehrt ist es aber auch so, dass eine gute schriftliche Leistung bei stillen Schülern dennoch zu einer schlechteren Zeugnisnote führt. Dieser Umstand kann das Unverständnis der Eltern wecken und muss ihnen daher erklärt werden.

Gleich mal ausprobieren

Machen Sie sowohl den Schülern als auch ihren Eltern die Entstehung der Noten deutlich, indem Sie Antworten auf folgende Fragen geben:

- Wie setzt sich die Zeugnisnote zusammen? (Gewichtung: mündliche Leistung – schriftliche Leistung)

- Wie ist die Benotung begründet? (Quantität und Qualität der Meldungen, sprachliche/inhaltliche Fehler, Ausdruck usw.)
- Woran muss der Schüler arbeiten, um seine Leistungen zu verbessern (Tipp 9)?
- Bis wann soll er welche Inhalte nachbereiten?

› Tipp 9

Zusammensetzung der mündlichen Leistung

Insbesondere ruhige, zurückhaltende Schüler interessiert die Zusammensetzung der mündlichen Leistung, worauf Sie zu Beginn eines jeden Halbjahres und nach Möglichkeit auf dem ersten Elternabend eines Schuljahres hinweisen sollten. Zum Bereich der mündlichen Leistungen zählen:

- Quantität und Qualität der Meldungen,
- Erledigung der Hausaufgaben,
- Lernstandskontrollen (z. B. Vokabeltests oder Hausaufgabenüberprüfungen),
- Führen der Hefte,
- sonstige Aufgaben wie etwa Referate.

Nehmen Sie sich bei jeder Verkündung von Noten, also auch bei der Besprechung von Klassenarbeiten, hinreichend Zeit, um eine individuelle und intensive Beratung der Schüler zu gewährleisten. Bei schriftlichen Leistungskontrollen können Sie wichtige Aspekte in Ihre Notenbegründung am Ende der Arbeit aufnehmen, sodass auch die Eltern die Ursachen der Note und Ihre Handlungsempfehlungen unmittelbar nachvollziehen können.

Achtung!

Empfehlen Sie den Eltern während Ihrer aufklärenden Beratung, die Bedeutung von Noten nicht zu überschätzen und vor allem nicht die Art der Beziehung zu ihren Kindern daran zu koppeln.

Eine geeignete Schullaufbahn empfehlen

31

Zwar werden die Weichen hinsichtlich der Schullaufbahn bereits in der Grundschule gestellt, dennoch haben Lehrer an weiterführenden Schulen aber die Aufgabe, Eltern und Schüler hinsichtlich einer etwaigen aktuellen Anpassung ihrer damaligen Entscheidung an die Voraussetzungen des Schülers eingehend zu beraten. Vielfach stellt sich nämlich heraus, dass der im Primarbereich gute Schüler auf dem Gymnasium überfordert ist oder dass ein Schüler auf der Realschule schlechte Leistungen zeigt, weil er sich unterfordert fühlt.

Die Entscheidung für eine Schulform den Voraussetzungen des Schülers anpassen

Achtung!

Eine Schullaufbahnberatung beugt folgenden Problemen vor, die sich aus dem Besuch einer ungeeigneten, weil überfordernden Schulform ergeben können:

- Mangel an Freizeit, da immer mehr Zeit für die Schule (Hausaufgaben, Nachhilfe usw.) aufgewendet werden muss;
- Verschlechterung innerfamiliärer Beziehungen, die oft die Folge mangelnder schulischer Leistungen sind (Tipp 29);
- überdimensionaler finanzieller Aufwand: In Deutschland werden derzeit über 15 Millionen Euro für Nachhilfe ausgegeben, damit Schüler auf der anfangs gewählten Schulform bleiben können.

› Tipp 29

Die Schullaufbahn korrigieren helfen

32

Manchmal stellt sich nach einer gewissen Zeit heraus, dass die eingeschlagene Schullaufbahn nicht die richtige für ein Kind ist (Tipp 31). Wenn es in einem Elterngespräch um einen Schulwechsel geht, müssen gemeinsam folgende Vor- und Nachteile für den Schüler abgewogen werden:

› Tipp 31

- Ohne Abitur bleiben dem Schüler einige Möglichkeiten bei der Berufswahl verschlossen und die Eltern befürchten womöglich, dass er nach seinem Schulabschluss keinen soliden Beruf ergreifen bzw. keinen Ausbildungsplatz finden wird.
  Allerdings: Ein schwer erkämpfter und vielleicht durch mehrmaliges Wiederholen verspätet erreichter Abschluss verschlechtert die beruflichen Aussichten deutlich mehr. Ein guter Real- oder Hauptschulabschluss mit dem erfolgreichen Nachweis von Betriebspraktika ist dagegen eine bessere Garantie für einen zukunftsträchtigen Ausbildungsplatz.

- Der Wechsel nimmt den Schüler aus seinem gewohnten sozialen Umfeld heraus und dieser muss sich an der neuen Schule zunächst einmal wieder soziale Kontakte aufbauen.
  Allerdings: Die Erfahrung zeigt, dass Freundschaften bei sehr unterschiedlichen schulischen Leistungen häufig in die Brüche gehen. Dies liegt daran, dass sich Kinder und Jugendliche in der Regel mit ähnlich leistungsstarken zusammenschließen, da sie einerseits gleiche Interessen haben und andererseits über das gleiche Maß an Freizeit verfügen, weil sie ähnlich viel Zeit für Schularbeiten aufwenden müssen.

- Der Schulwechsel kann von dem Schüler als persönliche Niederlage gewertet werden und sich negativ auf sein Selbstbewusstsein auswirken.
  Allerdings: Der Schüler wird seine Schulzeit auf der anderen Schule erfolgreicher und wesentlich stressfreier absolvieren können, was langfristig sein Selbstwertgefühlt stärkt.

- Schließlich handelt es sich bei einem Schulwechsel nicht um eine Einbahnstraße – zu gegebenem Zeitpunkt, d. h., wenn sich seine Leistungen wieder deutlich verbessert haben, kann der Schüler durchaus zurückkehren.

Um die Ecke gedacht

Die Beratung hinsichtlich einer für den betreffenden Schüler geeigneten Schule sollte auch die Entfernung vom Wohnort berücksichtigen. Tägliche lange Fahrten sollten nach Möglichkeit vermieden werden, da diese die Freizeit des Schülers unnötig einschränken.

Achtung!

Treffen Sie die Entscheidung hinsichtlich eines Laufbahnwechsels gemeinsam mit allen Beteiligten (Schüler, Eltern, Lehrer). Lassen Sie sich nicht auf die Einstellung mancher Eltern ein, das Kind solle selbst darüber entscheiden. Es wird nicht alle Konsequenzen abwägen können.

Eltern weitere (außerschulische) Unterstützung anbieten

33

Kontaktdaten der Landeselternbeiräte

Ist ein Schüler auf Ihrer Schule über- oder unterfordert, beraten Sie die Eltern bezüglich einer Korrektur der Schullaufbahn ihres Kindes (Tipp 32). Empfehlen Sie ihnen darüber hinaus weitere Ansprechpartner, die sie – unabhängig und unbürokratisch – gezielt beraten können. Eine erste Anlaufstelle diesbezüglich stellen die Landeselternbeiräte dar, die Eltern auch in problematischen Fällen beraten:

› Tipp 32

Bundeselternrat	Bernauer Straße 100 16515 Oranienburg Telefon 03301/575 537 www.bundeselternrat.de
Landeselternbeirat Baden-Württemberg	Durlacher Allee 35 76131 Karlsruhe Telefon 0721/354 91 38 http://landeselternrat.wordpress.com

Landeselternbeirat Bayern	http://www.landeselternbeirat-bayern.de
Landeselternausschuss Berlin	Otto-Braun-Straße 26 10178 Berlin Telefon 030/902 275 684 http://www.landeselternausschuss.de
Landeselternbeirat Brandenburg	Heinrich-Mann-Allee 107 14473 Potsdam Telefon 0331/866 35 08 http://www.landeselternrat-brandenburg.de
Zentralelternbeirat Bremen	Birkenstraße 34 28195 Bremen Telefon 0421/361 82 74 www.zeb-bremen.de
Elternkammer Hamburg	Hamburger Straße 31 22083 Hamburg Telefon 040/428 63-35 27 http://www.elternkammer-hamburg.de
Landeselternbeirat Hessen	Idsteiner Straße 47 60326 Frankfurt Telefon 069/758 917-0 http://www.leb-hessen.de
Landeselternbeirat Mecklenburg-Vorpommern	Bisdorfer Weg 17 18445 Hohendorf Telefon 38323/71 197 http://www.ler-mv.de
Landeselternbeirat Niedersachsen	30175 Hannover Telefon 0511/646 436 80 www.landeselternrat.niedersachsen.de

Landeselternbeirat Nordrhein-Westfalen	Bruchfeld 24 32457 Porta Westfalica Telefon 05751/967 14 15 http://www.ler-nrw.de
Landeselternbeirat Rheinland-Pfalz	Mittlere Bleiche 61 55116 Mainz Telefon 06131/16-29 26 und 29 28 http://leb.bildung-rp.de
Gesamtlandeseltern-vertretung Saarland	Hohenzollernstraße 60 66117 Saarbrücken Telefon 0681/501 72 41 http://www.elternvertretung-glevsaar.de
Landeselternbeirat Sachsen	Hoyerswerdaer Straße 1 01099 Dresden Telefon 0351/563 47 32 http://www.ler-sachsen.de
Landeselternbeirat Sachsen-Anhalt	Turmschanzenstraße 32 39114 Magdeburg Telefon 0391/567 38 58 http://www.landeselternrat-lsa.de
Landeselternvertretung Schleswig-Holstein	Brunswiker Straße 16–22 24105 Kiel Telefon 0431/988 58 10 http://www.elternvertretung-sh.de
Landeselternvertretung Thüringen	Werner-Seelenbinder-Straße 14 99096 Erfurt Telefon 0361/602 13 83 http://lev-thueringen.de

Schülerbeobachtungen durchführen

34

› Tipp 9

Beobachtungsaspekte

Um einen individuellen Förderplan (Tipp 9) für einen Schüler erstellen oder um erbrachte bzw. nicht erbrachte Leistungen überzeugend begründen zu können, müssen Sie die Schüler und ihr Verhalten beobachten. Berücksichtigt werden im Rahmen solcher Schülerbeobachtungen neben dem Sozial- und Arbeitsverhalten im Unterricht auch Aspekte wie kommunikative, motorische, lebenspraktische und kognitive Kompetenzen sowie das Freizeitverhalten außerhalb des schulischen Lernortes. Zum Arbeitsverhalten zählen etwa Eigenschaften wie Arbeitstempo, Ausdauer, Beteiligung am Unterricht sowie Sorgfalt, während das Sozialverhalten das Verhalten in der Gruppe, das Einhalten von Regeln und Absprachen sowie allgemeine Fairness abdeckt.

Ergänzung der Beobachtungen durch Befragung der Eltern

Eine Ergänzung der Schülerbeobachtung aus einer anderen Perspektive erreichen Sie durch die Befragung der Eltern, beispielsweise im Rahmen eines Hausbesuches oder Elternsprechtages. Dabei können Angaben zum sozialen Hintergrund der Familie, zu Verhaltensauffälligkeiten des Schülers sowie zum Verhalten zwischen Eltern und Kind gemacht werden. Diese Angaben der Eltern sind natürlich freiwillig und lediglich als Hilfestellung für Sie gedacht. Der Vorteil einer solchen Erhebung auch für die Eltern ist, dass sich ein ganzheitliches Bild des Schülers ergibt.

Gleich mal ausprobieren

Führen Sie Schülerbeobachtungen möglichst unbefangen durch und studieren Sie nicht zuvor die Schülerakten. Lassen Sie sich bei der Notengebung auch nicht von den Bewertungen Ihrer Vorgänger beeinflussen, da allein die Kenntnis der Noten Sie schon unbewusst in eine gewisse Richtung führen wird. Außerdem können die Leistungen eines Schülers schwanken, und eine früher mangelhafte Beteiligung kann in Ihrem Unterricht zu einer durchaus positiven Leistung mutieren.

Protokollieren Sie Ihre Beobachtungen genau und versehen Sie sie mit konkreten sachlichen und situationsbeschreibenden Formulierungen. Fügen Sie auch Beleggrößen in Ihre Aufzeichnungen ein. Anstatt „Marcel beherrscht den Satz des Pythagoras nicht" schreiben Sie vielmehr „Marcel wendet den Satz des Pythagoras im Vergleich zu seinen Mitschülern noch immer fehlerhaft an, weil er die Seiten im Dreieck nicht zuordnen kann".

Zweck der Schülerbeobachtung

Eine sorgfältige Schülerbeobachtung hilft Ihnen bei der Vorbereitung von Elterngesprächen und Klassenkonferenzen sowie bei der Erstellung von Berichten für Schülerakten, da alle mit einem Schüler gemachten Erfahrungen protokolliert sind und leicht abgerufen werden können. Außerdem dient die Schülerbeobachtung der Prävention von Leistungsversagen, indem erste Schwächen sofort registriert werden und alle Beteiligten umgehend gezielt eingreifen können. Sollten Sie eine Zusatzmaßnahme für einen Schüler beantragen wollen (wie beispielsweise eine Förderung aufgrund einer Lese- und Rechtschreibschwäche), werden Sie ohne eine konkrete Schülerbeobachtung nicht weit kommen. Zudem ist eine objektive und detaillierte Schülerbeobachtung eine unverzichtbare Grundlage für eine differenziert schülerbezogene Unterrichtsgestaltung, in der auch außerschulische Aktivitäten und Interessen der Schüler, die in informellen Gesprächen oder bei Hausbesuchen herausgefunden wurden, berücksichtigt werden.

Eltern hinsichtlich der Medienerziehung beraten

35

Das Surfverhalten von Schülern im Internet unterscheidet sich stark von dem der Erwachsenen. Jüngere Kinder können noch nicht zwischen Sachinformationen und Werbung unterscheiden und sind von der komplexen, vernetzten Struktur des Internets überfordert. Aber auch jugendliche Nutzer verlieren sich im Word Wide Web und verfügen noch nicht über die für einen sinnvollen Gebrauch notwendige Lese- und Schreibkompetenz. Aus diesen Gründen ist es unerlässlich, dass Sie die Eltern Ihrer Schüler anhalten, ihre Kinder auf den ersten Schritten im Netz zu begleiten und sie im Hinblick auf eine kompetente Mediennutzung zu erziehen.

Gleich mal ausprobieren

› Tipp 27
› Tipp 78
› Tipp 36–37

Beraten Sie die Eltern entweder in einem vertraulichen Gespräch beispielsweise während des Elternsprechtages (Tipp 27) oder organisieren Sie einen Elternabend zum Thema (Tipp 78). Laden Sie hierzu alle Eltern Ihrer Klasse sowie professionelle Experten ein, die über den Nutzen und die Gefahren der Neuen Medien (Tipp 36–37) informieren können. Erkundigen Sie sich beim Staatlichen Schulamt oder der Einrichtung zur Lehrerfortbildung in Ihrem Bundesland, hier wird man Ihnen geeignete Referenten empfehlen.

Besprechen Sie mit den Eltern folgende Regeln für die häusliche Mediennutzung:

- Vor der Schule, während der Mahlzeiten und unmittelbar vor dem Schlafengehen wird der Computer nicht genutzt!
- Computer gehören nicht ins Kinderzimmer!
- Bevor der Computer genutzt wird, müssen die Hausaufgaben erledigt sein!

Solche festen Absprachen erleichtern einerseits dem Kind bzw. Jugendlichen die Planung seines Tages, andererseits ersparen sie den Eltern tägliche Diskussionen zum Thema Computernutzung.

› Tipp 59

Machen Sie den Eltern darüber hinaus deutlich, dass sie ihren Kindern Anreize für eine alternative, abwechslungsreiche Freizeitgestaltung schaffen müssen (Tipp 59): spielen, auch ohne Computer, allein oder mit Freunden, draußen toben, Fußball spielen, reiten.

Auch sollte die Dauer der Computernutzung von den Eltern eingeschränkt werden. Denkbar wäre in diesem Zusammenhang die Vereinbarung fester Zeiten beispielsweise in Form eines Wochenplans. Hierin ist eine gewisse Anzahl an „Nutzungsstunden“ vermerkt, die sich das Kind beliebig einteilen kann, bis das Wochenlimit erreicht ist.

Auf Risiken der Neuen Medien hinweisen

36

Wenn Sie sich mit den Eltern Ihrer Schüler über die Notwendigkeit und die Möglichkeiten der Medienerziehung unterhalten (beispielsweise im Rahmen eines thematischen Elternabends mit Experten als Gästen, Tipp 57, 78), sollten Sie sowohl auf die zahlreichen positiven Eigenschaften der Neuen Medien hinweisen als auch ihre Gefahrenpotenziale nennen. Zu Letzteren zählen Isolation, mangelnde Bewegung, verzerrte Vorstellungen der Realität, die Ausprägung gewalttätiger Verhaltensmuster sowie eine Überforderung bzw. Verängstigung durch jugendgefährdende Inhalte. Im Einzelnen sind dies:

› Tipp 57, 78

- Rechtsextremismus,
- Pornografie, Prostitution,
- Gewalt und erhöhte Gewaltbereitschaft,
- Pädophilie,
- Betrug/Abzocke,
- Datenmissbrauch,
- Sucht,
- Suggerieren von Beziehungen ,
- Cyber-Mobbing und -Bullying (Beleidigungen, Beschimpfungen, Psychoterror, Tipp 47),
- Grooming (Anbahnung eines sexuellen Missbrauchs), sexuelle Belästigungen,
- Urheberrechtsverletzungen,
- Isolation,
- Verletzung der Menschenwürde,
- Waffen.

› Tipp 47

Die Problematik von sozialen Netzwerken thematisieren

37

Soziale Netzwerke zählen mittlerweile zu den beliebtesten und meistbesuchten Seiten im Internet. „SchülerVZ“, „studiVZ“, „lokalisten.de“, „MySpace“ oder „Facebook“ bieten Kindern, Jugendlichen und Erwachsenen eine Plattform, auf der sie sich und ihr Leben präsentieren und mit Freunden kommunizieren können. Nach der Anmeldung im jeweiligen Forum hat der Nutzer die Möglichkeit, ein eigenes Profil anzulegen. Ähnlich wie bei den einst beliebten Freundschaftsbüchern können hier Angaben zu Hobbys, Musikvorlieben oder Lieblingsbüchern gemacht sowie ein Foto oder gar ein Video hochgeladen werden. Jeder, der ebenfalls im Portal angemeldet ist, kann diese Informationen dann abrufen.

Um die Ecke gedacht

„SchülerVZ“ ist mit 3,5 Millionen Mitgliedern und 111 Millionen Besuchern das größte deutsche Online-Netzwerk für Kinder und Jugendliche ab 12 Jahren. Es sind insgesamt 104 Millionen Bilder abrufbar – von Porträts der Nutzer bis hin zu Fotos von der letzten Partynacht. Und täglich kommen 600 000 neue Abbildungen hinzu.

SOS-Tipp

Jugendliche tendieren häufig dazu, sich in Internetforen besonders „cool“ darzustellen, und berichten ausgiebig vom letzten Alkoholrausch oder sonstigen „Abenteuern“. Dies wissen mittlerweile auch die Personalabteilungen von Unternehmen, die in sozialen Netzwerken gezielt nach solchen „Zusatzinformationen“ über ihre Bewerber Ausschau halten. Erschwerend kommt hinzu, dass das Internet nicht vergisst. Eine einmal hochgeladene Datei ist nur schwer völlig zu entfernen und lässt sich auch dann noch in Suchmaschinen finden, wenn der eigentliche Eintrag längst gelöscht wurde.

Weisen Sie die Eltern Ihrer Schüler auf diese Problematik hin und verdeutlichen Sie ihnen, dass ihre Kinder in sozialen Netzwerken keine persönlichen Daten von sich angeben dürfen.

Nicht jede Information ins Netz stellen!

In soziale Netzwerke eingestellte Inhalte werden vom Betreiber – wenn überhaupt – nur sehr sporadisch geprüft. Daher besteht die Gefahr, dass auch pornografische oder andere, nicht jugendfreie Inhalte angezeigt werden. Problematisch werden soziale Netzwerke außerdem dann, wenn Kinder und Jugendliche allzu viel von sich preisgeben. Hierzu zählen insbesondere

- persönliche Daten,
- Informationen über Hobbys,
- eigene Fotos/Filme,
- Fotos/Filme von Freunden bzw. der Familie,
- die eigenen E-Mail-Adresse,
- die eigenen Instant-Messenger-Nummern,
- die eigene Telefon-/Handynummer,
- Internettagebücher.

Gleich mal ausprobieren

Weisen Sie die Eltern auf die Gefahren hin und empfehlen Sie ihnen, sich selbst einen Account bei dem von ihrem Kind bevorzugten sozialen Netzwerk anzulegen. Dann haben sie die Möglichkeit, zu überprüfen, welche Informationen ihr Kind über sich selbst online gestellt hat.

38 Die Erwartungen der Eltern berücksichtigen

Gewöhnlich haben Eltern, die zu schulischen Veranstaltungen erscheinen, gewisse Erwartungen an Sie, die Sie im Sinne einer erfolgreichen Zusammenarbeit erfüllen sollten. Überlegen Sie bereits im Vorfeld, was die Eltern von Ihnen erwarten werden bzw. ob und wie Sie diese Erwartungen erfüllen können. Legen Sie sich hierzu notwendige Unterlagen bereit (z. B. Ihr Notenbuch beim Elternsprechtag). Treten Sie kompetent auf und zeigen Sie ernsthafte Diskussionsbereitschaft und Verständnis für die Situation und die Sichtweise der Eltern. Auf der anderen Seite formulieren Sie sich vor dem Treffen mit den Eltern auch Ihre Ziele und Erwartungen bezüglich des Gespräches (ggf. schriftlich).

Um die Ecke gedacht

In den Augen der Eltern sind Sie als Lehrer der Erziehungsprofi, auf dessen Urteil und Empfehlung sie vertrauen. Nehmen Sie sich auch aus diesem Grund für die Vorbereitung auf ein Beratungsgespräch viel Zeit. Gehen Sie dann positiv und selbstsicher in das Gespräch, glauben Sie an Ihre Fähigkeiten und Kompetenzen. Sie werden sehen, dass man Ihren Äußerungen großen Wert beimisst, auch wenn Sie wesentlich jünger und vermeintlich unerfahrener in der Erziehung von Kindern sind als die Eltern selbst.

39 Selbstbewusst mit Eltern umgehen

Vielleicht haben Sie die Lehrerrolle vor noch nicht allzu langer Zeit übernommen und sind nun dazu gezwungen, Eltern in Angelegenheiten zu beraten, in die Sie sich selbst noch vollständig einarbeiten und in denen Sie erst Erfahrungen sammeln müssen. In einem solchen Fall besteht die Gefahr, dass Sie die Eltern Ihrer Schüler für überlegen halten und mit gewissen Ängsten und Vorbehalten in Gespräche mit ihnen gehen. Versuchen Sie aber im Sinne eines konstruktiven und erfolgreichen Gespräches und einer guten Zusammenarbeit mit den Eltern, diese Befürchtungen so weit wie möglich auszuschalten und ihnen selbstbewusst gegenüberzutreten.

Ängste und Befürchtungen „ausschalten"

Gehen Sie selbstbewusst in Elterngespräche, indem Sie Ängsten, Sie und Ihre Kompetenzen könnten nicht anerkannt werden, durch die Stärkung Ihres Selbstbildes begegnen. Seien Sie überzeugt von Ihrer Persönlichkeit und Ihrer individuellen Haltung. Respektieren und beachten Sie Ihre eigene Meinung, Ihre Urteilsfähigkeit und Ihre Menschenkenntnis. Seien Sie sich auch dessen bewusst, dass Sie vor der Klasse und vor den Eltern als pädagogische Führungskraft stehen, die professionelle Erziehungsarbeit leistet.

Das Selbstbild stärken

Gleich mal ausprobieren

Die folgende Übung hilft Ihnen, im Vorfeld eines Elterngespräches Selbstbewusstsein aufzubauen:
Stellen Sie sich stabil, mit hüftbreiten und leicht angewinkelten Beinen vor den Spiegel und sagen Sie laut: „Ich bin überzeugt von mir." Wiederholen Sie den Satz und werden Sie dabei immer lauter. Erinnern Sie sich an Situationen, die Sie bereits erfolgreich gemeistert haben. Lassen Sie diese Situationen wie einen Film vor Ihrem geistigen Auge abspielen. Das gibt Ihnen Kraft für bevorstehende Herausforderungen. Versuchen Sie, jedes einzelne Detail abzurufen – den Geruch, den Sie damals wahrgenommen haben, die Gestaltung des Raumes usw. Sagen Sie laut: „Ich gehe mit Kraft und Überzeugung in das Elterngespräch. Ich bin kompetent. Die Arbeit, die ich mache, ist gut."

SOS-Tipp

Machen Sie sich im Vorfeld von Elterngesprächen stets Folgendes klar: Sie müssen nicht selbst

- Schulprobleme gehabt haben, um diese beheben helfen zu können,
- verhaltensauffällig gewesen sein, um Eltern dahingehend beraten zu können,
- Kinder haben, um Ihre Schüler zu erziehen.

Den Eltern angemessen gekleidet gegenübertreten

40

Durch Ihre äußere Erscheinung senden Sie in Elterngesprächen Signale und Botschaften aus, die auf die Eltern eine entsprechende Wirkung haben – auch wenn Sie diese gar nicht bewusst intendieren.

Um die Ecke gedacht

Ein zu sehr gestyltes Erscheinen signalisiert eine gewisse Überheblichkeit und kann als Arroganz ausgelegt werden. Ist Ihr Äußeres dagegen zu leger, kann dies zum einen als Ungepflegtheit interpretiert werden, zum anderen vermittelt dies Ihrem Gegenüber den Eindruck, der Anlass des Treffens und er selbst seien für Sie nicht wichtig. Beide Varianten sind zur Förderung der Vertrauensbildung aufseiten der Eltern also ungeeignet.

Gleich mal ausprobieren

Kleiden Sie sich, wenn Sie sich mit Eltern treffen, sportlich-elegant und zeigen Sie auf diese Weise eine gewisse Offenheit und Wertschätzung gegenüber den Gesprächspartnern sowie den zu besprechenden Problemen. Zudem müssen Sie sich dessen bewusst sein, dass Sie bei solchen Treffen das staatliche Schulsystem repräsentieren, was u. a. in angemessener Kleidung zum Ausdruck kommen sollte. Vermeiden Sie es also beispielsweise, freizügige Kleidungsstücke zu tragen. Sie sollten in diesem Rahmen aber auch Ihren persönlichen Stil nicht gänzlich aufgeben, denn nur wenn Sie sich in Ihrer Kleidung wohl fühlen, wirkt Ihr Auftreten überzeugend und authentisch.

41

Zeigen Sie in Elterngesprächen Verständnis für die Situation Ihres Gegenübers, indem Sie aktiv zuhören. Auf diese Weise erreichen Sie bei den Eltern Einsicht und Überzeugung. Durch aktives Zuhören signalisieren Sie ernsthaftes Interesse an Ihrem Gesprächspartner und seiner Situation und bieten ihm gleichzeitig an, ihn bei der Findung von Lösungsansätzen zu unterstützen.

Ernsthaftes Interesse signalisieren

Gleich mal ausprobieren

- Verdeutlichen Sie Ihr Interesse am anderen zum einen durch Ihre Körperhaltung, Gestik und Mimik, indem Sie Blickkontakt aufnehmen, sich Ihrem Gesprächspartner zuwenden und ihm an geeigneten Stellen durch Kopfnicken oder verbal zustimmen.
- Zeigen Sie zum anderen durch Rückfragen ehrliches Interesse („Sie meinen also, dass ...“) und bewerten Sie die Aussagen Ihres Gegenübers nicht. Auch sollten Sie keine Lösungsvorschläge machen, sondern den anderen durch Nachfragen unterstützen, eigene diesbezügliche Gedanken zu entwickeln.
- Außerdem gehört zum aktiven Zuhören, dass Sie im Gespräch Gefühle ansprechen, wodurch sich der Gesprächspartner auch emotional verstanden fühlt („Sie fühlen sich überfordert/verunsichert ...“).
- Wickeln Sie ein solches Gespräch nie „zwischen Tür und Angel“ ab, sondern nehmen Sie sich Zeit dafür. Dazu zählt auch, dass Sie den anderen ausreden lassen und Ihre eigenen Gedanken und Ideen zurückhalten können, um sie an geeigneter Stelle einzubringen.

42 Gespräche zielführend beginnen

Nicht nur die Gesprächsführung ist von großer Bedeutung für eine erfolgreiche Zusammenarbeit mit Eltern, sondern auch, wie Sie in ein solches Gespräch hineingehen. Zwar sollten Sie nicht „um den heißen Brei herumreden", sondern nach Möglichkeit ohne großen Umschweife zum Punkt kommen, damit sich Ihr Gesprächspartner in seinen Belangen ernst genommen fühlt. Allerdings lockert ein kurzer Smalltalk zu Beginn des Gespräches auf, und die Eltern können sich auf die bevorstehende Situation und ihr Anliegen einstellen, ohne mit der Tür ins Haus fallen zu müssen.

Die Situation auflockern

Gleich mal ausprobieren

- Beginnen Sie das Gespräch mit einer kurzen Bemerkung (z. B. beim gemeinsamen Platznehmen im Raum: „Die Klassenfahrt hat Ihrem Kind ja richtig gutgetan!").
- Fahren Sie fort mit einer offenen, auflockernden Frage wie „Was führt Sie zu mir?".

43 Gespräche erfolgreich beenden

› Tipp 42

Nicht nur der Beginn eines Elterngespräches sollte zuvor wohlüberlegt und -durchdacht sein (Tipp 42), auch das Ende der Unterhaltung ist natürlich von großer Bedeutung dafür, dass beide Seiten mit einem zufriedenen Gefühl auseinandergehen können. Hier müssen v. a. die Ergebnisse des Gespräches zusammengefasst und das weitere Vorgehen vereinbart werden.

Zusammenfassung und weitere Planung

Überlegen Sie sich schon im Vorfeld, welche Themen Sie mit den betreffenden Eltern besprechen und was Sie im Gespräch genau erreichen möchten. Diese Gesprächsziele halten Sie am besten schriftlich fest und nehmen das Papier zu Ihren Gesprächsunterlagen, damit Sie sie stets vor Augen haben. Zum Schluss Ihres Austausches nehmen Sie Bezug auf diese Notizen, prüfen, ob alle Ziele erreicht wurden, notieren die getroffenen Vereinbarungen und besprechen diese zusammenfassend mit den Eltern („Wir haben uns heute darauf verständigt, dass …“). Vereinbaren Sie außerdem schon jetzt neue Termine, in denen Sie entweder weitere Themen besprechen oder aber auf jeden Fall die Einhaltung der abgesteckten Ziele überprüfen können.

Ich-Botschaften senden

44

Neben dem aktiven Zuhören (Tipp 41) sollten Sie bei beratenden Elterngesprächen nicht verallgemeinern oder Redewendungen mit „man“ verwenden, sondern nach Möglichkeit aus der „Ich-Perspektive“ zum Punkt kommen.

› Tipp 41

Gleich mal ausprobieren

In Ihrem nächsten Elterngespräch sagen Sie also nicht:

Man braucht in dieser Klasse gar keine Hausaufgaben mehr aufzugeben. Die werden sowieso nicht gemacht.

Sondern eher:

Ich habe festgestellt, dass Marek am 12.02., 13.02. und am 15.02. ohne Hausaufgaben in die Schule gekommen ist.

Gesprächsblocker vermeiden

45

In Elterngesprächen sollten Sie unbedingt bestimmte Formulierungen und Sprechweisen vermeiden, die als Gesprächsblocker bezeichnet werden, weil sie dazu führen können, dass sich Ihr Gesprächspartner innerlich verschließt und somit auf Ihre guten Empfehlungen und sinnvollen Hinweise nicht mehr eingehen kann. Ein konstruktives Gespräch ist dann nicht mehr möglich.

SOS-Tipp

Vermeiden Sie in Elterngesprächen die in den linken Sprechblasen aufgeführten Gesprächsblocker und wählen Sie stattdessen Formulierungen wie in den Sprechblasen rechts:

Forderungen

Ich erwarte, dass Sie ...

Ich wünsche mir, dass wir ...

Urteil/Kritik

Das stimmt doch gar nicht, was Sie da sagen!

Ich stelle fest, dass wir wohl unterschiedliche Ansichten haben.

Drohungen

Wenn Alexa so weitermacht,
wird sie schon sehen,
was sie davon hat.

Wir sollten überlegen,
wie wir Alexa helfen können,
das Versäumte
aufzuarbeiten.

Unterstellende Ratschläge

Sie sollten sich
mehr um Ihre Kinder
kümmern!

Wie können wir
gemeinsam erreichen,
dass Manuel pünktlich
zum Unterricht
erscheint?

Körpersprache richtig einsetzen

46

› Tipp 16

Überzeugen Sie Eltern in einem Gespräch nicht nur mit Worten, sondern auch durch Ihre Gestik. Mit einigen wenigen Tricks können Sie sowohl die nonverbalen Botschaften Ihres Gegenübers (Tipp 16) entschlüsseln als auch Ihre eigene Körpersprache gezielt einsetzen, um jeden Gesprächspartner zu erreichen.

Um die Ecke gedacht

Haben Sie es gewusst? Mehr als zwei Drittel jeder menschlichen Kommunikation besteht aus ungesprochenen Botschaften, die verbale Kommunikation nimmt nur ein Drittel eines Gespräches ein! Ihr Körper sendet zu jeder Zeit Signale über das aus, was Sie gerade denken oder fühlen: Freude, Trauer, Langeweile, Desinteresse. Diese durch die Mimik, Gestik und die gesamte Körperhaltung übermittelten Signale wirken auf Ihren Gesprächspartner mindestens ebenso wie der Inhalt Ihrer Worte.

Gleich mal ausprobieren

Zeigen Sie	Wie?
✓ Offenheit ✓ Gesprächsbereitschaft ✓ Interesse ✓ Selbstbewusstsein ✓ eine klare Position	Öffnen der Arme Lächeln Blickkontakt fester Händedruck, aufrechter Gang zielstrebiger Gang
Vermeiden Sie unbedingt	**Wie?**
✗ Distanz ✗ Unsicherheit, Nervosität ✗ Verschlossenheit	Verschränken der Arme wildes Gestikulieren eine Hand oder einen Finger auf den Mund legen

Ebenso wichtig ist es, räumliche Distanz zu Ihrem Gesprächspartner einzuhalten. Sicherlich sind auch Sie schon Menschen begegnet, die diese Grenze überschreiten, und dies hat Sie – zumindest bei einer Ihnen fremden Person – unangenehm berührt. Damit Ihnen das während eines Gespräches mit Eltern oder im Unterricht nicht passiert und sich Ihr Gegenüber wohl fühlt, sollten Sie die Intimdistanz von etwa einem halben Meter (ca. einer halben Armlänge) nicht unterschreiten.

Haltung der Hände

Auch die Haltung Ihrer Hände sagt einiges über Ihre Einstellung aus. Werden sie unterhalb der Gürtellinie gehalten, zeigt dies eine negative Einstellung, zwischen Gürtellinie und Brust machen sie eine neutrale und auf Brusthöhe eine positive Aussage. Laden Sie die Eltern durch weite, ruhige und offene Kontaktgesten zur Mitarbeit ein und versuchen Sie, Ihre Arme stets auf Brusthöhe zu halten, um eben eine positive Einstellung zu zeigen. Die Geste sollte dabei immer vor dem gesprochenen Wort eingesetzt werden, denn andersherum wirkt das Verhalten eher künstlich, lächerlich und insgesamt unpassend.

Mit Eltern von Mobbingopfern umgehen

47

Es gibt viele verschiedene Formen des Mobbings: Mitschüler werden gehänselt, ihre schulischen Unterlagen werden mutwillig zerstört bzw. verdreckt oder die Betroffenen werden in sozialen Netzwerken (Tipp 37) diffamiert. Häufig vergeht eine lange Zeit, bis sich Schüler, die Opfer von Mobbing geworden sind, an ihre Eltern oder einen Lehrer ihres Vertrauens wenden. Obwohl sie dieser Form der Gewalt machtlos ausgesetzt sind, schämen sich viele dafür. Eltern müssen für dieses Phänomen sensibilisiert werden – z. B. bei einem Elternabend zum Thema (Tipp 78) –, um auffälliges Verhalten ihrer Kinder früh erkennen und einordnen zu können.

› Tipp 37
› Tipp 78

Definiton Cyber-Mobbing

Cyber-Mobbing bzw. Cyber-Bullying bezeichnet die Form des Beleidigens, Bedrohens oder Diffamierens einer oder mehrerer Personen mithilfe elektronischer Medien, meist über einen längeren Zeitraum hinweg. Die Opfer werden entweder direkt angeschrieben (z. B. per E-Mail, SMS oder im Chat) oder in sozialen Netzwerken bloßgestellt. Häufig werden hierzu Äußerungen verwendet, die nicht der Wahrheit entsprechen, Zitate gefälscht oder Bilder manipuliert, um der jeweiligen Person zu schaden. Meist geschieht dies durch anonyme Täter, sodass der Betroffene nicht einmal weiß, wer ihn angegriffen hat.

Unterschiede zum herkömmlichen Mobbing

Neu am Cyber-Mobbing ist, dass es für die Opfer keine Rückzugsmöglichkeit vor den Angriffen mehr gibt – wie etwa das häusliche Umfeld –, da die Neuen Medien immer und überall zugänglich sind. Ein weiteres Problem ist die immense Verbreitung der Bloßstellung. Während Mobbing ansonsten kaum eine viel größere Öffentlichkeit als den Klassenverband findet, wird Cyber-Mobbing in ungleich größerem Maße öffentlich. Abwertende Nachrichten können kopiert und an beliebig viele Foren weitergeleitet werden. Auch bleiben entsprechende Vorfälle länger in Erinnerung. Während die Klasse sie meist schon am nächsten Tag vergessen hat, können Informationen im Internet immer wieder an die Öffentlichkeit gelangen und es dem Opfer auf diese Weise schwermachen, darüber hinwegzukommen.

Gleich mal ausprobieren

Wenn einer Ihrer Schüler Opfer von Mobbing (virtuell oder real) geworden ist, stehen Sie ihm und seinen Eltern als Ansprechpartner und Zuhörer zur Seite. Berufen Sie eine Klassenkonferenz ein, sofern sich der oder die Urheber in der Klasse befinden. Bestehen Sie in der Klassenkonferenz darauf, dass das Verhalten Konsequenzen nach sich ziehen muss und nicht als harmloser Schülerstreich abgetan werden darf. Teilen Sie den Eltern der ganzen Klasse (z. B. bei einem eigens dafür einberufenen Elternabend) Ihre Position mit und verdeutlichen Sie ihnen, dass Sie solches Verhalten nicht tolerieren. Wenn es sich um einen Fall von Cyber-Mobbing handelt, empfehlen Sie den Eltern des Opfers, den Vorfall dem betreffenden Service-Anbieter (z. B. dem Betreiber des Netzwerkes) anzuzeigen. In schweren Fällen, etwa bei einer akuten Bedrohung, sollen sich die Eltern ggf. gemeinsam mit Ihnen an die Polizei wenden und dort Anzeige erstatten. Zur Beweisführung sollten sich die Eltern Kopien der Nachrichten bzw. des gesamten Vorfalls anlegen.

48 Eltern von gewalttätigen Schülern beraten

Die Gewaltbereitschaft gegen Sachen und Personen an den Schulen wächst: Türen werden eingetreten, Papierkörbe als Fußbälle missbraucht und Knallkörper gezündet. Häufig handelt es sich dabei um Taten aus Langeweile, Frustration oder um Auseinandersetzungen zwischen Jugendlichen unterschiedlicher Kulturen, die solche Ausfälligkeiten mit der Verteidigung ihrer Ehre begründen.

Die Gewaltbereitschaft an Schulen wächst

Gleich mal ausprobieren

Fällt ein Schüler Ihrer Klasse durch seine Gewaltbereitschaft auf, verdeutlichen Sie seinen Eltern in einem sachlich, aber bestimmt geführten Gespräch, dass die Schule und Sie selbst solches Verhalten nicht dulden. Bitten Sie ggf. ein Mitglied der Schulleitung zu diesem Gespräch hinzu. Weisen Sie die Eltern in diesem Zusammenhang auch auf den Erziehungsvertrag (Tipp 4) hin, den sie unterzeichnet haben.
In schweren Fällen berufen Sie eine Klassenkonferenz ein, die über pädagogische oder andere Maßnahmen berät und sie beschließt. Teilen Sie dies auch den Eltern mit und erläutern Sie ihnen die Konsequenzen, die sich daraus für den Schüler ergeben können (Eintrag in die Schülerakte, Versetzung in eine andere Klasse, Schulverweis).

› Tipp 4

Neigen mehrere Schüler in Ihrer Klasse zu gewalttätigem Verhalten, schulen Sie sie in Gesprächen oder speziell konzipierten Veranstaltungen, ggf. unter Zuhilfenahme externer Referenten, und vermitteln Sie ihnen so den Sinn von Normen und Werten bzw. verdeutlichen Sie Grenzen.

SOS-Tipp

Materialien für solche Veranstaltungen erhalten Sie über Ihr Staatliches Schulamt bzw. das betreffende Referat in der für Ihr Bundesland zuständigen Kultusbehörde. Hier wird man Ihnen auch geeignete Referenten empfehlen. Zudem können folgende Bücher weiterhelfen:

- Grieger, Katja/Schroer, Miriam (2002): GAG – Was ist geiler als Gewalt? Anti-Aggressions-Trainings für gewaltbereite Jugendliche. Evaluation eines Modellprojektes. Camino: Berlin.
- Melzer, Wolfgang (2006): Gewalt an Schulen: Analyse und Prävention. Psychosozial-Verlag: Zürich.

Elternhaus und Schule müssen an einem Strang ziehen

Wie in anderen Fragen der Erziehung auch, kann die Reduktion der Gewaltbereitschaft von Jugendlichen innerhalb und außerhalb der Schulmauern nur in einer kommunikativen und partnerschaftlichen Kooperation zwischen Elternhaus und Schule gelingen.

49 Gleichgültige Eltern motivieren

Mögliche Ursachen für Gleichgültigkeit

Viele Eltern fallen nicht durch häufig angebrachte Kritik oder Vorschläge auf, sondern eher durch Zurückhaltung oder gar Desinteresse am schulischen Entwicklungsprozess. Die Ursachen für eine solche Gleichgültigkeit sind mannigfaltig und liegen nicht immer bei den Eltern selbst. Vielleicht sind beide Elternteile berufstätig und finden keine Zeit für ein persönliches Engagement oder ihnen fehlt das Interesse dafür. Auch alleinerziehende Mütter und Väter verfügen oft nicht über zeitliche Freiräume, um sich aktiv am Schulleben ihres Kindes beteiligen zu können. Darüber hinaus kann es aber auch sein, dass sich Eltern nicht genügend angesprochen fühlen – z. B. von den Themen eines Elternabends (Tipp 78) – oder von den Lehrkräften nicht zur Mitarbeit motiviert werden. Manche Eltern betrachten die Mitarbeit sicherlich auch als lästig, aufwendig und uneffektiv.

› Tipp 78

Um die Ecke gedacht

Getreu dem Sprichwort „Wie man in den Wald hineinruft, so schallt es heraus“ wirkt sich Ihre eigene Haltung zur Elternarbeit auch auf die der Eltern aus. Vertreten Sie die Einstellung, Elternarbeit sei zeitaufwendig und wenig produktiv, werden Sie die Eltern nicht zur Teilnahme am schulischen Entwicklungsprozess motivieren können.
Oftmals wird auch die bislang laufende Elternarbeit an der Schule nicht oder nur unzureichend reflektiert, sodass geleistete Tätigkeiten nicht motivierend wirken können. Werden stattdessen jedoch Ergebnisse und Aktivitäten der bisherigen Elternarbeit präsentiert und veröffentlicht, können dadurch auch andere Eltern Anhaltspunkte für eigenes Engagement erhalten.

Gleich mal ausprobieren

Geben Sie den Eltern das Gefühl, sie verpassen etwas, wenn sie beispielsweise nicht zum Elternabend erscheinen. Dies erreichen Sie, indem Sie die Einladung dazu motivierend formulieren und darin bereits auf die Bedürfnisse und Interessen der jeweiligen Elternschaft eingehen (Tipp 83).
Haben Sie Schwierigkeiten, die Interessen der Eltern zu definieren, starten Sie eine Umfrage hinsichtlich des Wunschthemas für den nächsten Gesprächsanlass (Beratungsgespräch, Elternabend o. Ä.).
Versuchen Sie außerdem bei großer Zurückhaltung oder offenkundigem Desinteresse, die Ursachen dafür zu ermitteln und sich in die Situation der Eltern hineinzuversetzen. Reduzieren Sie ggf. Ihren Anspruch an die schulische Mitarbeit von Eltern, wenn Sie feststellen, dass er zu hoch angesetzt war und von ihnen nicht erfüllt werden kann.

› Tipp 83

50 Sozial benachteiligte Eltern ansprechen

Berücksichtigen Sie bei der Elternarbeit, dass die Eltern Ihrer Schüler in der Regel unterschiedliche soziale Hintergründe haben und es einige geben wird, die nur über sehr begrenzte finanzielle Mittel verfügen oder bildungsfernen Schichten entstammen. Dies gilt insbesondere für Schulen in sozialen Brennpunkten. Aber auch in Familien aus anderen Stadtteilen kann der finanzielle Spielraum z. B. für die Anschaffung von Lektüren oder die Finanzierung einer mehrtägigen Klassenfahrt stark eingeschränkt sein, weil die Eltern z. B. schon seit längerer Zeit arbeitslos sind o. Ä. Dadurch, dass diese Eltern mit existenziellen Schwierigkeiten zu kämpfen haben, geraten die schulische Mitarbeit und auch die Förderung ihres Kindes in den Hintergrund.

Die schulische Mitarbeit tritt hinter existenziellen Schwierigkeiten zurück

Neben dieser distanzierten Zurückhaltung hinsichtlich schulischen Engagements gehören sozial benachteiligte Eltern außerdem zum Kreis der „schwierigen" Eltern, weil ihre Kinder häufig emotional vernachlässigt, konfliktbereit und verängstigt sind. Manchmal üben die Eltern selbst körperliche und psychische Gewalt auf ihre Kinder aus, worauf der Lehrer angemessen reagieren muss. Durch die in der Familie vorgelebte Orientierungslosigkeit – etwa durch eine fehlende Strukturierung des alltäglichen Ablaufs und ausgeprägte Zukunftsangst – besteht die Gefahr, dass diese Kinder nur sehr schwer für den Unterricht zu motivieren sind und demnach zu den gefährdeten Schülern zählen. Viele von ihnen schaffen es nicht, sich aus diesem Teufelskreis selbstständig zu befreien und es steht ihnen daher ein ähnliches Schicksal wie ihren Eltern bevor.

Gleich mal ausprobieren

Wenden Sie sich ganz gezielt an sozial schwache Eltern, um sie zur Mitarbeit und Förderung ihrer Kinder zu motivieren: Verfassen Sie Ihre Schreiben an die Elternschaft – etwa die Einladung zu einem thematischen Elternabend (Tipp 83) – so, dass auch Eltern, die mit komplexen Sachverhalten oder Begriffen Schwierigkeiten haben, diese verstehen können.

› Tipp 83

- Ermutigen Sie bei Elternabenden alle Anwesenden zur Teilnahme an der Diskussion, indem Sie mit einfachen Sätzen in das Gespräch einführen. Halten Sie auch die Eltern dazu an, ihre sprachlichen Äußerungen kurz, einfach und klar zu gestalten.
- Machen Sie den Eltern die positiven Konsequenzen schulischen Engagements für die Entwicklung ihres Kindes bewusst (das Kind erkennt z. B., dass Schule etwas Sinnvolles ist, wenn sich sogar seine Eltern dafür einsetzen, und dass Eltern und Lehrer an einem Strang ziehen und von ihm nicht gegeneinander ausgespielt werden können).
- Beachten Sie die unterschiedlichen Normen und Wertevorstellungen der jeweiligen Eltern und gehen Sie ggf. im Beratungsgespräch darauf ein. Demonstrieren Sie durch Vorleben sowohl vor der Klasse als auch während des Elterngespräches die Wichtigkeit Ihrer Werte und Normen (z. B. darf jeder seinen Standpunkt sachlich darstellen und wird nicht unterbrochen).
- Reagieren Sie kritisch, aber dennoch sachlich gelassen auf eine etwaige Nichteinhaltung allgemeingültiger Regeln wie etwa Pünktlichkeit oder Zuverlässigkeit.
- Missdeuten Sie eine Zurückhaltung der betreffenden Elterngruppe nicht als Desinteresse, sondern nehmen Sie ihnen vielmehr durch Überzeugungsarbeit und Motivation die Angst, sich in dem ihnen fremden Umfeld Schule zu engagieren und einzubringen.
- Zeigen Sie den Eltern ggf. Handlungsalternativen auf oder verweisen Sie sie an Beratungsstellen, die ihnen in ihrer persönlichen Situation Unterstützung und Hilfe bieten können. Gehen Sie dabei aber behutsam vor, um nicht den Eindruck zu erwecken, Sie wollten die Eltern bevormunden und sich in ihre Probleme einmischen. Ihre Angebote müssen von den Eltern als Hilfe angesehen und auch gewünscht werden.

51 Auf Eltern aus pädagogischen Berufen zugehen

Nicht selten ist der Umgang mit Eltern, die selbst Lehrer sind, schwierig. Manchmal handelt es sich dabei sogar um Kollegen an der eigenen Schule, in jedem Fall verfügen sie aber über Kenntnisse von Abläufen und Richtlinien, die andere Eltern in der Regel nicht haben. Dieser professionelle Zugang lässt solche Eltern im Idealfall eigene Erziehungskonzepte ausarbeiten und einbringen und damit die Schulentwicklung konzeptionell vorantreiben, birgt aber auch die Gefahr, dass sie mit der Schule und den dortigen Entwicklungen sowie Beschäftigten kritisch ins Gericht gehen.

Angst vor Kritik hat negative Auswirkungen

Viele Lehrer reagieren verunsichert, wenn sie bemerken, dass sich in ihrer Elternschaft Kollegen befinden. Sie befürchten eine kritische Bewertung des eigenen pädagogischen und unterrichtlichen Handelns. Dies kann Ängste auslösen, die die eigene Arbeit, vor allem aber den Umgang mit den betroffenen Eltern negativ beeinflussen. Der Lehrer wird vielleicht beginnen, übervorsichtig zu handeln und jeden pädagogischen Schritt mehrfach zu überdenken. Auf diese Weise werden spontane Reaktionen, die der schulische Alltag erfordert, unnötig erschwert. Eine noch schlimmere mögliche Folge ist die bewusste oder unbewusste Bevorteilung des entsprechenden Schülers.

Gleich mal ausprobieren

Besinnen Sie sich beim Umgang mit Eltern aus Lehrberufen stets auf Ihre Position. Ihnen wurde die Erziehung und Unterrichtung der Schüler anvertraut. Das bedeutet, dass Sie das Recht und sogar die Pflicht haben, Ihre im Laufe der Jahre erlernten und angeeigneten unterrichtlichen, didaktischen und methodischen Prinzipien anzuwenden. Dass pädagogische Ansätze nicht immer von jedem gleichermaßen geschätzt werden, ist bekannt – eine darauf abzielende Kritik sollte von Ihnen daher selbstbewusst aus der Welt geschafft werden, indem Sie den Kritikern Ihre Überzeugung offenlegen, aufgrund derer Sie sich für die betreffende Methodik oder Didaktik entschieden haben (Tipp 21, 22).

› Tipp 21, 22

SOS-Tipp

Bevor Sie Kritik von Kollegen als persönlichen Angriff auf Ihre Person verstehen und emotional oder gar mit einem Gegenangriff reagieren, setzen Sie sich mit den Anmerkungen oder Vorschlägen auseinander und überprüfen so sachlich und objektiv wie möglich, ob sie gerechtfertigt sind und wie sie ggf. umgesetzt werden können. Außerdem empfiehlt es sich, die Eltern in die Umsetzung der angebrachten Vorschläge aktiv einzubeziehen.

Äußern pädagogisch geschulte Eltern berechtigte Kritik, die sich nicht nur auf einen Lehrer bezieht, sondern auf innerschulische Aspekte, lässt sich diese zur Reflexion über den Status quo des Lebensraums Schule nutzen. Teilen Sie die Äußerungen in diesem Fall Ihren Kollegen mit oder bitten Sie die Kritiker, ihre Anmerkungen der Gesamt- bzw. Schulkonferenz vorzutragen. Auf diese Weise ist die ganze Schulgemeinde informiert, und gemeinsam mit Schülern, Eltern sowie Lehrern lassen sich Strategien zur Verbesserung der Situation erarbeiten und zur Diskussion stellen. Und auch Kritik, die zunächst als übertrieben eingestuft wird, kann Hinweise auf mögliche Schwachstellen geben, die von den unmittelbar Beteiligten routinebedingt oft nicht erkannt werden.

Potenzial und Wissen der Eltern sinnvoll für die schulische Arbeit nutzen

Versuchen Sie also, das Potenzial und Wissen, das Eltern aus pädagogischen Berufen mitbringen, sinnvoll für Ihre schulische Arbeit zu nutzen, anstatt sich durch deren professionelles Auftreten verunsichern zu lassen. Beziehen Sie aber dennoch selbstbewusst und engagiert Position, wenn dies nötig ist.

Eltern in die Öffentlichkeitsarbeit der Schule einbeziehen

52

Professionelle Öffentlichkeitsarbeit ist für Schulen überlebensnotwendig

Der Zahl der neu angemeldeten Schüler wird von den Schulen in jedem Jahr mit Spannung entgegengesehen, ist sie doch der Maßstab für die Zuweisung von Planstellen sowie finanzieller Mittel (z. B. im IT-Bereich). Um aber in Zeiten des Schülerrückgangs und des in manchen Regionen verbreiteten Schulsterbens bestehen zu können, müssen die Schulen verstärkt für sich werben. Dafür wiederum bedarf es einer professionellen Öffentlichkeitsarbeit, in deren Rahmen sie mit ihrem Schulprogramm, ihren Aktivitäten und auch den Leistungen ihrer Schüler (z. B. bei Teilnahme an Wettbewerben) an die Öffentlichkeit gehen und ihr Profil somit allen Bezugsgruppen der Schule (Ausbildungsbetriebe, Schulaufsicht, Schüler, Eltern) näherbringen.

Um die Ecke gedacht

Auch aufgrund des aktuellen Lehrkräftemangels, vor allem in den Naturwissenschaften, ist eine gute Öffentlichkeitsarbeit bedeutsam, schließlich haben nicht nur Lehramtsanwärter, sondern auch Berufseinsteiger und Quereinsteiger aus der Wirtschaft heute mehr denn je die Möglichkeit, sich ihre Arbeitsstelle gezielt auszusuchen.

Gleich mal ausprobieren

Wichtig für eine gelungene Öffentlichkeitsarbeit sind Kontakte zur regionalen und überregionalen Presse. Diese müssen mühsam aufgebaut werden und bedürfen einer intensiven Pflege. Ohne gute Kontakte zu einem verantwortlichen Redakteur läuft hier so gut wie nichts.

› Tipp 57

An vielen Schulen gibt es mindestens einen Elternteil, der bei einer Zeitung, beim Rundfunk oder Fernsehen arbeitet. Dieser kann als Experte (Tipp 57) gezielt angesprochen werden, um über ihn den „Fuß in die Tür" zu bekommen und die Wahrscheinlichkeit einer Veröffentlichung zu erhöhen. Vielleicht kann der Experte auch Tipps für Presseschreiben geben oder er verfügt über weitere nützliche Kontakte.

Eltern zu einem Runden Tisch gegen Gewalt einladen

53

Ein wichtiger Ansatz, dem Trend der zunehmenden Gewaltbereitschaft unter Schülern entgegenzutreten (Tipp 47, 48), ist die Suche nach einem Dialog zwischen Schülern, Eltern sowie Lehrern. Beispielsweise kann man sich zu einem „Runden Tisch gegen Gewalt" zusammensetzen.

› Tipp 47, 48

Gleich mal ausprobieren

Ein solcher „Runder Tisch" lässt sich schulintern oder zusammen mit benachbarten Schulen einrichten. Eingeladen werden hierzu – vom Initiator des Treffens (der durchaus aus den Reihen der Eltern kommen kann) oder vom Schulleiter – interessierte Eltern, Schüler und Lehrer.

Der äußere Rahmen sollte konstruktiv, aber nicht zu gesellig sein, um einen ernsthaften, zielführenden Austausch nicht zu gefährden. Ein mit Getränken und einem Strauß Blumen o.Ä. versehener Klassenraum eignet sich, die Kneipe um die Ecke eher weniger.

Innerhalb einer zuvor festgelegten Zeit (z.B. zwei Stunden) werden zunächst der Status quo der Gewalt an der Schule sowie bereits angelaufene Maßnahmen dagegen zusammengetragen, um daran anschließend weitere Vorgehensweisen zu diskutieren und zu beschließen. Diese werden schriftlich festgehalten und der nächsten Gesamtkonferenz sowie der Schulkonferenz zur Beschlussfassung vorgelegt.

Eine solche Veranstaltung kann dazu beitragen, dass die Schüler die Schule als ihren Lebensraum anerkennen lernen, der ihnen neben Bildung auch Rückhalt und Unterstützung anbietet und ihre Anliegen und Probleme ernst nimmt.

Anti-Aggressions-Training empfehlen

54

› Tipp 47, 48

Jugendliche, die durch eine hohe Gewaltbereitschaft (Tipp 48), stark mobbendes Verhalten (Tipp 47), ein hohes Wut- und Aggressionspotenzial, mangelnde Selbstkontrolle und fehlende konstruktive Konfliktlösungsfähigkeiten auffallen, sind gefährdet, gewalttätig oder kriminell zu werden. Als letzter Ausweg vor der Aushändigung dieser Schüler an die Staatsgewalt besteht die Möglichkeit, sie zu einem Anti-Aggressions-Training anzumelden. In der Regel nehmen ausschließlich die betroffenen Schüler an einem solchen Training teil. Eine wichtige Voraussetzung für eine erfolgversprechende Therapie ist hierbei jedoch, dass diese Maßnahme nicht von oben herab angeordnet wird, sondern dass die Eltern dahinterstehen und ihre Kinder motivieren können, daran teilzunehmen, weil sie an der Verbesserung ihrer Situation interessiert sind. Dies kann etwa erreicht werden, indem den Jugendlichen die Ausweglosigkeit ihrer aktuellen Lage bewusst gemacht wird. Sie müssen erkennen, dass die Teilnahme an einem Anti-Aggressions-Training die letzte Chance für sie ist.

Anti-Aggressions-Training als letzte Chance

Gleich mal ausprobieren

Anti-Aggressions-Trainings werden sicherlich auch in Ihrer Region angeboten. Hinweise über Veranstaltungsort und -datum erhalten Sie bei Jugendeinrichtungen oder beim Sozialpädagogischen Dienst. Ein möglicher Ansprechpartner für präventive Bildungsarbeit mit Kindern und Jugendlichen ist außerdem „Krämer-Trainings“ (http://www.antiaggressionstraining.com).

Während eines solchen Trainings bauen die Jugendlichen untereinander und zu den Leitern eine Beziehung auf, in der sie (vielleicht das erste Mal in ihrem Leben) ernst genommen werden. In gemeinsamen Gesprächen und Rollenspielen beschreiben sie Situationen, in denen sie selbst Opfer oder Täter waren, und drücken ihre damals empfundenen Gefühle aus. Oder sie schildern sich gegenseitig schwierige Erlebnisse aus ihrer Familie.

In Übungen, die gegenseitiges Vertrauen aufbauen, lassen sich die Jugendlichen außerdem fallen und werden von den anderen Teilnehmern aufgefangen; oder sie lassen sich mit verbundenen Augen von einem Partner durch einen Parcours führen.
Schließlich erleben sie, wie es ist, als Opfer wehrlos körperlichen und verbalen Attacken der Täter ausgeliefert zu sein, indem jeweils ein Teilnehmer mit verbundenen Augen in die Mitte gesetzt und von den anderen Teilnehmern beschimpft und bis zu einem gewissen Grad auch körperlich angegangen wird.
Bis zur nächsten Sitzung nehmen sich die Teilnehmer vor, eine exemplarische Problemsituation aus ihrem Alltag besser als bislang zu bewältigen. Zu Beginn der folgenden Veranstaltung berichten dann alle Anwesenden über ihren diesbezüglichen Erfolg.

Förderung durch das Training

Das hier skizzierte Training fördert:
- das Problembewusstsein bezüglich des eigenen Auftretens,
- die Anhebung der Schwelle zu aggressiven Tätigkeiten,
- die Schulung der Selbstkontrolle in schwierigen Situationen,
- das Hineinversetzen in die Emotionen und Bedürfnisse der anderen,
- die Erweiterung von Konfliktlösungsstrategien,
- die Verbesserung der kommunikativen Kompetenzen.

55 Eltern zu schulischen Veranstaltungen einladen

› Tipp 52

Zur Öffentlichkeitsarbeit Ihrer Schule (Tipp 52) gehört es auch, dass die Elternschaft regelmäßig über schulische Veranstaltungen informiert und dazu eingeladen wird – per Mitteilung und (am besten) persönlich. Nicht zuletzt können die Eltern auf diese Weise zur Mitarbeit bei künftigen Veranstaltungen motiviert werden.

Gleich mal ausprobieren

Es ist zu empfehlen, bereits zu Beginn des Schuljahres eine kommentierte Liste mit allen geplanten Veranstaltungen und Aktionen herauszugeben, sodass die Eltern frühzeitig einen Überblick über das Angebot der Schule erhalten und die für sie interessanten Termine in ihren eigenen Kalender eintragen können.

Laden Sie Eltern ein zu Veranstaltungen wie etwa

- dem Tag der Offenen Tür,
- dem Pädagogischen Tag (falls gewünscht),
- einem Schulgottesdienst,
- dem Schulfest (das auch von Eltern (mit-)gestaltet werden sollte),
- einer Erzählnacht,
- Ausstellungen der Schulgemeinde.

56 Workshops für Eltern anbieten

Lehrer und Eltern können sich in ungezwungener Atmosphäre in der Schule oder andernorts (z. B. im Saal des Gemeindezentrums) treffen und sich von eingeladenen Dozenten im Rahmen von Workshops, Vorträgen oder Diskussionen zu interessanten Themen fortbilden und beraten lassen. In Frage kommen hierfür Themen wie neue Erkenntnisse der Lehr- und Lernforschung, Suchtprophylaxe, die Förderung auffälliger Schüler oder der Umgang mit Gewalt an der Schule (Tipp 48, 53). Darüber hinaus sind Diskussionen zu schulrechtlichen Fragestellungen, Formen der Leistungsbewertung (Tipp 30), schulischen (Erziehungs-)Zielen (Tipp 3) oder Möglichkeiten der Elternmitarbeit in der Schule denkbar.

› Tipp 48, 53
› Tipp 30
› Tipp 3

Gleich mal ausprobieren

Sicher fallen Ihnen und den Eltern während der ersten Veranstaltung eine Reihe weiterer Themen ein, die Gegenstand eines Workshops sein können. Grundsätzlich sollten Sie die

Themen nicht von oben herab verordnen, sondern sich auf Wünsche und Vorschläge Ihrer Kollegen sowie der Eltern einlassen und diese in Ihrer Planung berücksichtigen. Als Dozenten kommen Lehrer mit fachlicher Kompetenz sowie hauptberufliche Experten in Frage, wie beispielsweise Psychologen, Ärzte, Polizeibeamte, Mitarbeiter einer Drogenberatungsstelle oder Leiter einer Selbsthilfegruppe.
Sind die Themen geklärt und die entsprechenden Dozenten ausgemacht und eingeladen, müssen nur noch ein angemessener Raum reserviert und die Einladungen verfasst werden. Die Raumfrage ist hierbei genauso entscheidend wie bei der Organisation von gewöhnlichen Elternabenden (Tipp 81, 82). Denken Sie bei der Vorbereitung auch an die Bereitstellung von Getränken und kleineren Snacks, um eine möglichst angenehme Atmosphäre zu schaffen. Bitten Sie die Eltern dabei um Unterstützung. Der Verkaufserlös kann für schulische Zwecke genutzt werden.

› Tipp 81, 82

Achtung!

Klären Sie mit Dozenten, die Sie zu den Veranstaltungen einladen wollen, im Vorfeld unbedingt die Honorarfrage. Sie können nicht davon ausgehen, dass jeder von ihnen seinen Vortrag unentgeltlich hält.

57 Expertenwissen von Eltern nutzen

Neben der Verpflichtung von externen Dozenten zu Workshops und Fortbildungsveranstaltungen für Eltern (Tipp 56) sollten diesbezüglich auch die Potenziale der Eltern selbst genutzt werden. Bestimmt sind unter den Eltern Ihrer Klasse oder Schule solche mit besonderen Hobbys oder Fähigkeiten, die bereit sind, andere interessierte Eltern darüber zu informieren und sie darin einzuführen. Dann lässt sich ein einmaliger oder regelmäßig stattfindender Kurs zu diesem Thema anbieten (z. B. die Einführung in eine Fremd-

› Tipp 56

sprache, ein Rhetorikseminar, ein Nähkurs oder ein Modellbaukurs), der ggf. in den Räumen der Schule stattfinden kann und zu dem auch interessierte Lehrkräfte der Schule eingeladen werden sollten, um auf diese Weise ein wechselseitiges Lernen zu ermöglichen.

Darüber hinaus können Eltern eine Berufsorientierungsreihe für die Schüler gestalten, in der sie als Experten über ihren Beruf informieren und den Jugendlichen somit ein sinnvolles, auf ihre Zukunft hin orientiertes Freizeitangebot machen (Tipp 59).

› Tipp 59

58 Eltern zu Treffen ohne Lehrer animieren

Natürlich besteht für die Eltern auch die Möglichkeit, sich schulisch zu engagieren, ohne die Lehrer einbeziehen zu müssen. Gemeinsam lassen sich Veranstaltungen organisieren, die dazu führen, dass sich Eltern und Schüler – mit hinreichend Abstand von der Schule und vom Unterrichtsgeschehen – bei Unternehmungen näherkommen und neue Beziehungen untereinander aufbauen. Außerdem erkennen die Eltern und ihre Kinder durch gemeinsame Erlebnisse z. B. den Wert des Spiels oder kreativer Betätigungen und lernen neue Beschäftigungsmöglichkeiten kennen.

Gleich mal ausprobieren

Animieren Sie die Eltern zu solchem Engagement, indem Sie Ihnen beispielsweise beim Elternabend (Tipp 75–85) folgende Aktionen vorschlagen:

› Tipp 75–85

- Ausflüge oder Wanderungen,
- Spiel- oder Bastelnachmittage für jüngere Klassen,
- sportliche Wettkämpfe für ältere Schüler;

Sie können ggf. mit anderen Schulen der Region ausgetragen werden. Diese Art der fairen Auseinandersetzung und des gemeinsamen Kräftemessens verstärkt die Identifikation mit der Schule und schweißt die beteiligten Schüler als Team zusammen.

- Elternstammtische – mit oder ohne Beteiligung des Klassenlehrers
  In regelmäßigen Abständen werden in informellem Rahmen Gespräche über die schulische Situation, Probleme der Klasse oder sonstige Belange geführt (Tipp 65). Finden diese außerhalb der Schulmauern, beispielsweise in einer Gaststätte, statt, fördern solche Treffen eine entspannte Kommunikation untereinander. Vergleichbare Veranstaltungen sind Elterncafés bzw. sonstige Zusammenkünfte am Abend oder am Wochenende. Die dort geführten Gespräche können ggf. zur Objektivierung der Schilderungen des eigenen Kindes beitragen.
- Arbeitskreise zu bestimmten Themen
  Die Eltern können sich darin gegenseitig informieren und unterstützen. Es kann beispielsweise eine Selbsthilfegruppe gegründet werden, die u.a. eine wechselseitige Kinderbetreuung organisiert.

› Tipp 65

Mit Eltern Aktionen für Schüler organisieren

59

Ein Weg zur gewaltfreien Schule (Tipp 48, 53) besteht darin, attraktive und auf die Interessenlage der Schüler abgestimmte Angebote im außerschulischen Bereich zu machen, die die Jugendlichen nachmittags oder auch abends von der Straße holen. Auf diese Weise wird der Langeweile, aus der heraus Gewalt oft entsteht, entgegengewirkt, und die Heranwachsenden lernen, ihre Freizeit sinn- und verantwortungsvoll zu gestalten, anstatt orientierungslos in den Tag hineinzuleben.

› Tipp 48, 53

Durch sinnvolle Freizeitangebote Langeweile und Gewalt entgegenwirken

Gleich mal ausprobieren

Gemeinsam mit den Eltern der Schule und der Schülervertretung können sportliche Wettkämpfe, Rap-AGs oder ähnliche Arbeitsgemeinschaften sowie berufspraktische Kurse initiiert werden. Diese sollten von Eltern oder Ehemaligen, sofern es das Schulgesetz erlaubt, aber durchaus auch in Zusammenarbeit mit Schülern, abgehalten und geleitet werden. Auf diese Weise können besonders diejenigen Mitschüler zu einer Teilnahme bewegt werden, die kein gutes Verhältnis zur Lehrerschaft haben. Große Erfolge hinsichtlich einer besseren Identifikation mit der eigenen Schule erzielen auch Midnight-Basketball-Turniere, die etwa zwischen mehreren Schulen einer Stadt ausgetragen werden können.

Zwischen Eltern und Schule werden Beziehungen geknüpft

Da die Schule den organisatorischen Rahmen für dieses von den Eltern initiierte Freizeitangebot für Kinder und Jugendliche bietet, werden auf diese Weise Beziehungen zwischen Eltern und Schule geknüpft und die Mütter und Väter werden in die Gestaltung des Lebensraums Schule einbezogen. Daraus kann eine langjährige Zusammenarbeit entstehen, die sich auch für die Organisation weiterer schulischer Veranstaltungen nutzen lässt.

Achtung!

In jedem Fall sollte der Leiter einer außerschulischen Veranstaltung einen guten Zugang zu den Jugendlichen haben und muss von ihnen vollständig akzeptiert werden. Denn während Härte und Strenge an bildungsfernen Jugendlichen abprallen, können Menschen, die von ihnen respektiert werden, ihre Einstellung stark beeinflussen.

Eltern als Vorbilder einsetzen

Erfahrungen aus Gettos in den USA haben gezeigt, dass insbesondere Personen, die ein ähnliches Schicksal wie die Jugendlichen hatten oder haben, leicht Zugang zu ihnen bekommen. So können im Rahmen der Freizeitveranstaltungen beispielsweise Eltern von ihrem Beruf und ihrem Weg dorthin erzählen, deren schulische und familiäre Startbedingungen schwierig waren. Oder ehemalige Schüler, die einen Ausbildungsplatz erhalten haben, berichten über ihre Erfahrungen bei der Jobsuche und geben diesbezüglich wertvolle Tipps. Eltern und Ehemalige fungieren dann als Mutmacher bzw. Vorbilder und zeigen, dass man es durch Bildung zu etwas bringen kann.

Eltern in Mediationsangebote einbeziehen

60

Um Streitigkeiten zwischen Schülern, Eltern und Lehrern zu bearbeiten, empfiehlt sich das in den USA zur eigenverantwortlichen Konfliktlösung entwickelte Instrument der Mediation. Das Interesse an einer friedlichen Lösung des Konfliktes bei allen Beteiligten vorausgesetzt, hilft dieses Verfahren, eine Lösung zu finden, die niemanden benachteiligt. Unterstützt werden die Kontrahenten dabei durch einen ausgebildeten Mediator, der auch aus der Schülerschaft stammen kann. An vielen Schulen findet die Mediation im Rahmen einer Arbeitsgemeinschaft statt, die von einem dafür ausgebildeten Lehrer geleitet wird, der wiederum interessierte Schüler zu Mediatoren ausbildet. Diese schlichten beispielsweise Streitigkeiten unter den Schülern oder vermitteln bei Problemen mit einem Lehrer. Es ist auch denkbar, die Eltern eines Schülers zu dieser Arbeitsgemeinschaft dazuzubitten, wenn etwa ein Konflikt bearbeitet wird, in dem sie eine bedeutsame Rolle spielen.

Rolle des Mediators

Wichtig ist, dass der Mediator unparteiisch ist. Er hat daher auch nicht über Recht oder Unrecht zu entscheiden. Vielmehr muss er darauf achten, dass alle Beteiligten (Schüler, Eltern, Lehrer) gleichberechtigt sind und fair miteinander umgehen. Die Mediation erfolgt nach folgendem Schema:

Schema der Mediation

Einführung in das Verfahren
↓
Bestimmung des Konfliktes
↓
Darstellung des Problems
↓
Bearbeitung des Konflikthintergrundes
↓
Lösung des Problems
↓
Schriftliche Vereinbarung
↓
Nachbesprechung

Gleich mal ausprobieren

- In einem ersten Schritt informiert der Mediator die Kontrahenten über den Ablauf des Verfahrens und nennt Regeln, die während des Gespräches von allen Beteiligten einzuhalten sind (ausreden lassen, sachlich bleiben, zuhören, nicht vom Thema abschweifen).
- Anschließend tragen die Betroffenen ihre subjektive Sichtweise des Konfliktes vor, während der Mediator die Aufgabe hat, die Beteiligten von dieser individuellen Perspektive zu einem objektiven, gemeinsamen Problemverständnis zu führen.
- Während der dritten Phase stellen die Beteiligten ihre Standpunkte und Interessen bezüglich des Konfliktes dar und beschreiben das zugrundeliegende Problem. Der Mediator fasst zum Abschluss die genannten Aspekte zusammen und stellt Gemeinsamkeiten und Unterschiede heraus. Die Betroffenen können daraufhin Ergänzungen oder Korrekturen vornehmen, wonach das Resultat als gemeinsamer Konflikt akzeptiert wird.
- Anschließend beleuchtet der Mediator durch aktives Zuhören (Tipp 41) den Hintergrund des Konfliktes, wobei die Feststellung der eigentlichen Konfliktursache im Mittelpunkt stehen sollte.

› Tipp 41

- Nun können die Beteiligten gemeinsam mit dem Mediator verschiedene Alternativen zur Lösung des Konfliktes zusammentragen und diese hinsichtlich ihrer Effektivität und Akzeptanz von allen Beteiligten diskutieren. Die Aufgabe des Mediators ist es dabei, jene Lösungen herauszufinden, die keine Partei benachteiligen. Die von allen ausgewählte Lösung wird konkret benannt, um unterschiedliche Interpretationen auszuschließen.
- Diese Lösung und die notwendigen Schritte dorthin werden in der nächsten Phase schriftlich festgehalten und von allen Beteiligten unterschrieben.
- Zum Abschluss der Mediation wird ein Termin vereinbart, an dem eine Nachbesprechung zur Überprüfung der Wirksamkeit der getroffenen Vereinbarungen stattfindet.

Sich als Berufseinsteiger der Elternarbeit stellen

61

Für Berufseinsteiger stellt die Zusammenarbeit mit Eltern eine besondere Herausforderung dar. Zwar werden sie in den Seminaren darauf vorbereitet, ihre universitäre Ausbildung vernachlässigt diesen äußerst wichtigen und sensiblen Schwerpunkt schulischer Tätigkeit allerdings noch immer. Schwierigkeiten machen den Berufseinsteigern häufig die Vorbehalte der Eltern gegenüber Referendaren, die es zunächst zu entkräften gilt. Viele Mütter und Väter haben beispielsweise die Befürchtung, dass ihr Kind von einer nicht vollständig ausgebildeten Kraft unterrichtet und benotet wird. Daraus schließen sie, dass eine von dem Referendar erteilte schlechte Note, die sich möglicherweise negativ auf die Schullaufbahn ihres Kindes auswirkt, nicht berechtigt sein könnte. Diese Haltung wird auch in die Elterngespräche hineinwirken, die der Referendar führt.

Vorbehalte der Eltern entkräften

Grundsätzlich sollten Sie als Berufseinsteiger alle Elterngespräche wie etwa Einzelberatungen oder Elternsprechtage (Tipp 27) ernst nehmen und diese sorgfältig und ggf. mit Unterstützung Ihres Mentors als einem in der Elternarbeit erfahrenen Kollegen vorbereiten.

Wichtig: gute Vorbereitung

› Tipp 27

SOS-Tipp

Entkräften Sie eventuell aufkommende Zweifel an Ihrer Arbeit oder Autorität, indem Sie selbstbewusst auftreten (Tipp 39) und zunächst einmal über Ihren beruflichen Werdegang informieren. Die meisten Eltern wissen über die pädagogische Ausbildung von Lehrkräften nämlich nicht Bescheid, und diese Unkenntnis stellt oftmals den Nährboden für Zweifel dar. Berichten Sie also von Praktika, die Sie während des Studiums absolviert haben, und von sonstigen schulischen und außerschulischen Erfahrungen, die Sie hinsichtlich des Unterrichtens und Erziehens von Kindern und Jugendlichen gemacht haben. Auf diese Weise wird es Ihnen gelingen, ein Vertrauensverhältnis zu den Eltern aufzubauen, sodass diese Sie als Lehrkraft anerkennen und schätzen lernen.

› Tipp 39

62 Sich als Referendar auf dem Elternabend präsentieren

Als Referendar werden Sie vor Elternabenden möglicherweise angespannt sein, da Sie sich dort in der für Sie noch recht neuen Rolle als Lehrkraft einer Öffentlichkeit präsentieren müssen, deren Reaktionen Sie mangels Erfahrung nicht richtig einschätzen können. Letztlich sollten Sie aber zuversichtlich zu solchen Terminen gehen: Nicht alle Eltern haben Berufsneulingen gegenüber Bedenken oder Zweifel; die meisten werden Ihnen sicherlich offen und mit Akzeptanz begegnen (Tipp 19). Sollten Sie einmal eine gewisse Unsicherheit zeigen oder die Frage eines Elternteils nicht beantworten können, wird man Ihnen in aller Regel Verständnis dafür entgegenbringen.

› Tipp 19

Gleich mal ausprobieren

Bereiten Sie sich auf den Elternabend detailliert vor und spielen Sie vorher probehalber durch, wie sie sich den Anwesenden vorstellen möchten.

Veranschaulichen Sie den Eltern Ihren Unterrichtsstil und Ihre Beurteilungskriterien (Tipp 30), indem Sie Ihnen die didaktischen, methodischen und inhaltlichen Prinzipien Ihres Unterrichts offenlegen. Vielleicht können Sie dabei auch Beispiele oder Ergebnisse aus Ihrem Unterricht präsentieren (z.B. ein von Ihren Schülern erstelltes Plakat o.Ä.). Auf diese Weise erzeugen Sie Transparenz, die eventuell vorhandene Vorbehalte aufseiten der Eltern entkräftet. Diese wissen jetzt genau, mit wem Sie es zu tun haben und welche Ansprüche der Lehrer ihres Kindes hat. Bieten Sie ihnen an, jederzeit persönlich mit Ihnen Kontakt aufzunehmen (Sprechstunde oder weitere Terminvereinbarungen).

› Tipp 30

Achtung!

Bedenken Sie, dass Ihre Haltung und Ihr Auftreten im Rahmen der Elternarbeit nicht nur entscheidend für den Eindruck sind, den Sie bei den Eltern hinterlassen, sondern dass es dabei auch um die Außenwirkung der Schule insgesamt geht.

Einen Kennenlernnachmittag organisieren

63

Ängste nehmen und Kennenlernen ermöglichen

Eine gute Grundlage für erfolgreiche Elternarbeit legen Sie, wenn Sie zu Eltern, deren Kinder neu an Ihre Schule kommen, unmittelbar Kontakt aufnehmen und Gelegenheiten eines ungezwungenen Kennenlernens schaffen. Eine solche Gelegenheit wäre ein Kaffeenachmittag vor dem ersten Tag an der weiterführenden Schule, an dem außerdem sowohl den neuen Schülern als auch deren Eltern mögliche Ängste oder Sorgen in Bezug auf das dortige ungewohnte Umfeld genommen werden können. Alle künftigen Lehrer der Klasse werden ebenfalls eingeladen, sodass die Kinder und Eltern in einer ungezwungenen und lockeren Atmosphäre bereits Kontakt mit ihnen aufnehmen können.

Gleich mal ausprobieren

Laden Sie die Eltern Ihrer neuen Klasse mit einem motivierenden Schreiben ein, z. B.:

Liebe Eltern,

jetzt dauert es nicht mehr lang, und Ihr Kind kommt in die Klasse 5e auf dem Mustergymnasium. Sicher sind Ihr Kind und Sie schon ganz gespannt, wer die anderen Kinder und deren Eltern in der neuen Klasse sind. Um sich gegenseitig kennenzulernen, lade ich als der zukünftige Klassenlehrer Sie und Ihr Kind herzlich zu einem Nachmittag bei Kaffee und Kuchen in die Schule ein. Auch alle künftigen Lehrer Ihres Kindes werden dabei sein.
Ich würde mich sehr über Ihre Teilnahme am 23. Juni 2011 freuen. Wir treffen uns um 16 Uhr im Klassenzimmer 117.

Herzliche Grüße
Axel Klassenmann

Die Veranstaltung sollte möglichst ungezwungen sein, so dass ein Kennenlernen möglich ist. Der Kuchen (und ggf. Salate o. Ä.) kann entweder von den eingeladenen Eltern selbst mitgebracht oder von Eltern höherer Klassen gespendet und der Erlös der Schule zur Verfügung gestellt werden.

64 Den Schulübergang gestalten

Den Neuanfang erleichtern

Der erste Schultag an einer weiterführenden Schule ist für die Kinder und deren Eltern – wie der Schuleintritt auch – ein bedeutsamer Einschnitt. Aus Kindern werden zunehmend Jugendliche, die sich in einem neuen Umfeld und einer neuen Gruppe zurechtfinden müssen. Auf Sie als Lehrer kommt in diesem Zusammenhang die Aufgabe zu, die Heranwachsenden sowie ihre Eltern bei diesem Neuanfang zu unterstützen und ihn für alle Beteiligten zu erleichtern.

Gleich mal ausprobieren

Gestalten Sie den ersten Tag an der neuen Schule in einem besonderen Rahmen, um der großen Bedeutung des Ereignisses im Leben des Kindes und seiner Eltern gebührend Rechnung zu tragen. Sie können beispielsweise einen ökumenischen Gottesdienst oder, falls die Kinder unterschiedlichen Religionen angehören, eine kulturübergreifende Feier gestalten.

Ein Zeichen für Toleranz setzen

Zu einer solchen gemeinsamen Feier kommen alle Beteiligten mit ihrer Freude und Erwartung wie auch mit ihren Ängsten und Befürchtungen zusammen. Darin liegt neben der Gestaltung des Neuanfangs die Chance, Toleranz einzuüben und gleichzeitig zum Ausdruck zu bringen, dass es Menschen verschiedener religiöser Prägungen sind, die sich nun täglich begegnen und den Lebensraum Schule miteinander teilen werden.

Achtung!

Sprechen Sie im Vorfeld nach Möglichkeit einige Eltern (ggf. aus verschiedenen Kulturen) an, ob sie bei der Organisation der Feier helfen möchten. Beziehen Sie auch außerschulische Personen und Einrichtungen mit in die Vorbereitung ein, wie etwa die örtlichen Geistlichen oder den Imam der muslimischen Gemeinde. Vermeiden Sie in jedem Fall die Dominanz einer Religionsgemeinschaft.

Um eine Vermischung religiöser Traditionen zu verhindern, sollten die Beiträge der einzelnen Religionsgemeinschaften als solche kenntlich gemacht und ggf. ins Deutsche übersetzt werden, sodass sie von allen Teilnehmern verstanden werden können.

Einen Elternstammtisch gründen

65

Durch regelmäßigen Kontakt entsteht Vertrauen

Eine Möglichkeit, die Eltern Ihrer Klasse auch außerhalb der Schulmauern kennenzulernen, besteht in der Organisation eines regelmäßig stattfindenden Elternstammtisches in einem gemütlichen Lokal. Sie legen damit eine Grundlage für erfolgreiche Elternarbeit, denn nur wer sich gut kennt und darüber hinaus in regelmäßigem Kontakt steht, kann sich auch vertrauen.

Während einer solchen Veranstaltung müssen nicht unbedingt schulische Themen zur Sprache kommen. Es empfiehlt sich sogar, solche Themen bewusst auszuklammern und nur im Schulkontext zu besprechen, um sich beim Elternstammtisch ganz entspannt und ungezwungen austauschen zu können. Sie werden bei diesen Veranstaltungen viele wertvolle Informationen über Ihre Schüler gewinnen, die in Ihre pädagogische Arbeit einfließen können (Tipp 2).

› Tipp 2

Gleich mal ausprobieren

Regen Sie die Einrichtung eines Elternstammtisches auf dem nächsten Elternabend (Tipp 75–85) an, und machen Sie die Eltern auf die Vorteile eines solchen regelmäßigen Treffens aufmerksam. Bei den ersten Sitzungen sollten Sie auf jeden Fall anwesend sein, um der Veranstaltung einen offiziellen Rahmen zu geben und sie quasi zu etablieren. Danach ist es zu empfehlen, dass Sie den ein oder anderen Stammtisch nicht besuchen, um den Eltern die Gelegenheit zu bieten, ungezwungen und „unbeobachtet“ zusammensitzen und sich gegenseitig austauschen zu können, ohne dass ein Ver-

› Tipp 75–85

treter der Schule zugegen ist. Versuchen Sie auch, die organisatorische Verantwortung für diese Treffen einem Elternteil zu übertragen, damit daraus keine dauerhafte zusätzliche Arbeitsbelastung für Sie entsteht.

Eltern unterrichten lassen

66

Nicht zuletzt um einen kurzfristigen oder auf längere Zeit absehbaren Stundenausfall zu vermeiden, werden an manchen Schulen Eltern als „Hilfslehrer" herangezogen, die in solchen Fällen als Vertretung einspringen und die Klasse ggf. so lange unterrichten, bis der Lehrer seinen Dienst wiederaufnehmen kann.

Um die Ecke gedacht

› Tipp 57

Zwar besteht in der Verpflichtung von Eltern als Lehrkräfte die Möglichkeit, den Unterricht durch unterschiedliche Sichtweisen von externen Experten (Tipp 57) sowie Themen, die die Eltern beruflich beschäftigen, aufzulockern und auch zu bereichern. Die Gefahr der Nichterreichung qualitativer Standards ist jedoch nicht zu vernachlässigen. Eine reine Beaufsichtigung der Kinder führt nicht zu dem von den Bildungsplänen geforderten Kompetenzerwerb, und die Vermittlung des Unterrichtsstoffes könnte Personen jenseits der Pädagogik schwerfallen.

Gleich mal ausprobieren

Sollten bei Ihnen Eltern als Vertretungslehrer eingesetzt werden, stehen Sie ihnen als Ansprechpartner zur Verfügung und bieten ihnen Hilfestellung an. Diese fängt an bei einer Führung durch das Schulgebäude (bzw. über das Gelände) zur Orientierung und schließt natürlich auch die Zugänge zu Materialien der einzelnen Fächer ein. Viele Schulen haben für den Fall einer Vertretung Selbstlernmaterialien und Ordner mit Übungsaufgaben zusammengetragen, die für alle Lehrkräfte zugänglich sind. Gibt es einen solchen an Ihrer Schule, so zeigen Sie ihn den Eltern und empfehlen Sie Ihnen, vor dem Unterricht dort hineinzuschauen. Dies erleichtert auf sehr komfortable Weise die Unterrichtsvorbereitung. Bieten Sie auch Ihre Hilfe in pädagogischen Fragen an, z.B. wenn eine Klasse zu laut ist o.Ä. Achten Sie bei Ihrem Angebot aber darauf, nicht überheblich zu wirken. Weisen Sie außerdem Ihre Schüler darauf hin, dass sie sich bei diesen Hilfslehrern zu benehmen haben, auch wenn sie ihnen in der Regel keine Noten geben werden.

Wandertage begleiten lassen

67

Wandertage finden in der Regel im näheren Umkreis der Schule statt und können aus einer Wanderung oder z. B. der Besichtigung einer Stadt bzw. deren Museen bestehen. Holen Sie sich bezüglich der Durchführung und Organisation solcher Wandertage Hilfe von Eltern, die bereit sind, mit Ihnen zusammen die Aufsichtspflicht zu übernehmen. Für Sie bedeutet dies eine deutliche Entlastung, da Sie nicht mehr allein für die Gruppe verantwortlich sind. Eltern bringen aber auch neue Ideen ein, die auf die individuellen Interessen ihrer Kinder abgestimmt sind. Auf diese Weise wird Routine verhindert und die Freude und das Interesse der Schüler an derartigen Veranstaltungen sind gewährleistet.

Die Eltern neue Ideen einbringen lassen

Achtung!

Weisen Sie die begleitenden Eltern noch vor der Fahrt schriftlich auf ihre Aufsichtspflichten und die Erwartungen der Schule bzw. des Lehrers an ihre Teilnahme hin und lassen Sie sie die Kenntnisnahme dieser Regelungen und ihr Einverständnis mit ihnen unterschreiben. Damit sind die Voraussetzungen geklärt, und alle Beteiligten wissen, auf was sie sich einlassen, sodass vor Ort keine diesbezüglichen Missverständnisse auftreten.

SOS-Tipp

Durch die Eltern lassen sich oft auch Preise für während des Ausflugs ausgetragene Wettbewerbe (z. B. eine Stadtrallye) organisieren. Väter und Mütter können etwa Werbematerialien ihrer Firma wie Luftballons, Bälle, Kappen oder ähnliche Dinge beisteuern.

Mit Eltern Klassenfahrten durchführen

68

› Tipp 67

Im Gegensatz zu Wandertagen (Tipp 67) verlassen Klassen- bzw. Studienfahrten in der Regel den näheren Umkreis der Schule. Meist haben sie größere deutsche Städte von kultureller Bedeutung zum Ziel. Die Abschlussfahrt in der Sekundarstufe II, die entweder in den Tutorengruppen oder jahrgangsstufenweit organisiert wird, führt hingegen oft ins Ausland – je nach thematischem Schwerpunkt des betreffenden Leistungskurses (so fährt der Englisch-Leistungskurs beispielsweise häufig nach London, die Italienisch-Gruppe nach Rom und der Musik-LK nach Salzburg).

Gleich mal ausprobieren

› Tipp 75–85

Besprechen Sie während eines Elternabends (Tipp 75–85) die Rahmenbedingungen der geplanten Fahrt, bestimmen Sie gemeinsam das Ziel und erarbeiten Sie zusammen ein Programm. Die Schüler können ihre Vorschläge hinsichtlich möglicher Ziele vorab in einer eigens dafür verwendeten Unterrichtsstunde einbringen. Präsentieren Sie den Eltern am Elternabend dann diese Vorauswahl.

Zu den Rahmenbedingungen, die während der Vorbereitungsphase mit den Eltern besprochen werden müssen, gehören die folgenden Punkte. Sie sollten in jedem Fall schriftlich festgehalten und von den Eltern unterschrieben werden.

- Unterkunft und Verpflegung,
- Verkehrsmittel,

- geschätzte Kosten der Fahrt,
- begleitende Personen (Lehrer, Eltern),
- Verfahren bei einem Unfall oder plötzlich auftretender Krankheit eines Schülers,
- Medikation der Schüler,
- Allergien,
- Diät oder besondere Verpflegungswünsche (z. B. vegetarische Kost),
- Einschränkung gewisser Aktivitäten aus gesundheitlichen Gründen (z. B. Schwimmen),
- Höhe des Taschengeldes,
- erlaubte und verbotene Gegenstände (z. B. tragbare Videospiele, Handys),
- Regelung der Betreuung tagsüber und nachts,
- Konsequenzen bei Verstoß gegen die Regeln,
- Ort, Datum und Uhrzeit der Abfahrt und der Rückkehr.

Mit Eltern Exkursionen durchführen

69

Zu den eintägigen Schulveranstaltungen zählen u. a. thematische Exkursionen, die stärker an den Unterricht angebunden sind als Wandertage (Tipp 67) oder Klassenfahrten (Tipp 68). Während Letztere durchaus auch die Förderung sozialer Kompetenzen (z. B. die Stärkung des Klassenzusammenhalts) zum Ziel haben, stehen bei Exkursionen kognitive Kenntnisse im Vordergrund.

› Tipp 67
› Tipp 68

Um die Ecke gedacht

Der Unterricht findet bei einer Exkursion außerhalb des Schulgeländes statt und wird auf diese Weise lebendiger, anschaulicher und motivierender. Die Schüler sammeln dabei praktische Erfahrungen, die sie sich in der Schule in der Regel nur theoretisch aneignen könnten. Von den Schülern sollte ein Exkursionsbericht angefertigt werden, in dem sie zum Ziel der Unternehmung und dem Erkenntnisgewinn Stellung beziehen.

Gleich mal ausprobieren

Informieren Sie die Eltern über Ihr Vorhaben und beziehen Sie sie auf dieselbe Weise in die Planung und Durchführung von Exkursionen ein, wie Sie es bei der Vorbereitung eines Wandertages oder einer mehrtägigen Klassenfahrt tun.

› Tipp 57

Erkundigen Sie sich vor der Organisation einer Exkursion, ob Eltern als Experten eingesetzt werden können (Tipp 57). Steht beispielsweise eine Exkursion zu einem Energieversorger an, um sich vor Ort einen Überblick über die Möglichkeiten regenerativer Energiequellen zu verschaffen, kann ein Elternteil, der bei diesem Anbieter arbeitet, die Führung übernehmen oder die Gruppe zumindest mit zusätzlichen Informationen versorgen.

Unterrichtsgänge gemeinsam organisieren

70

› Tipp 68
› Tipp 67
› Tipp 69

Eltern lassen sich in die Vorbereitung und Begleitung von Unterrichtsgängen einbeziehen. Ähnlich wie Schullandheimaufenthalte, Studienfahrten (Tipp 68) und Wandertage (Tipp 67) sind Unterrichtsgänge verbindliche schulische Veranstaltungen. Sie sollen die Thematik des Unterrichts ergänzen und vertiefen. Im Rahmen von Unterrichtsgängen lassen sich die Lerninhalte für die Schüler hautnah erfahren. Im Gegensatz zu Studienfahrten finden Unterrichtsgänge allerdings in der näheren Umgebung der Schule statt und können auch nur für eine Schulstunde terminiert sein. Damit unterscheiden sie sich von Exkursionen (Tipp 69), die in der Regel einen Schultag dauern. Eltern verfügen vielleicht über Kontakte oder haben Ideen zu möglichen Zielen eines Unterrichtsgangs.

Gleich mal ausprobieren

Im Mathematikunterricht lassen sich beispielsweise Entfernungen auf dem Schulhof abschreiten oder Berechnungen mithilfe der Strahlensätze praktisch durchführen. Außerdem kann die Klasse eine örtliche Einrichtung aufsuchen,

wie etwa das Rathaus oder das Amtsgericht, wo sie z.B. im Rahmen des Politikunterrichts an einer Verhandlung teilnimmt. Weitere Ideen für Unterrichtsgänge sind Pflanzenkunde in der örtlichen Baumschule (Biologie) oder eine Verkehrszählung an der Kreuzung im Dorf (Erdkunde).
Eltern können bei der Vorbereitung und Durchführung eines Unterrichtsganges eingebunden werden: Wie bei Exkursionen auch, kann es sich anbieten, auf sie als Experten zuzugehen (Tipp 57), sofern diese einer Beschäftigung nachkommen, die im Ziel des Unterrichtsganges angesiedelt ist. Verlässt der Unterrichtsgang das Schulgelände, können Eltern gebeten werden, die Gruppe zu begleiten, sodass die Schule für die Zeit keine weitere Lehrkraft freistellen muss.

› Tipp 57

Achtung!

Unterrichtsgänge werden nicht als Wandertage angerechnet, bedürfen aber dennoch der Genehmigung der Schulleitung. Auch aus Gründen einer etwaigen Vertretung bei einem über die eigentliche Stunde hinausgehenden Unterrichtsgang sollten Sie rechtzeitig über Ihr Vorhaben informieren.

71 Erlebnispädagogische Fahrten durchführen

Insbesondere, wenn das Miteinander in einer Lerngruppe gestört ist, Schüler gehänselt oder gar gemobbt (Tipp 47) werden, bieten sich erlebnispädagogische Maßnahmen an, um das Klassenklima effektiv und dauerhaft zu verbessern. Im Zentrum steht ein bewegungsorientierter Ansatz, bei dem das Prinzip des Lernens durch Handeln im Vordergrund steht.

› Tipp 47

Wie bei Wandertagen (Tipp 67) ist auch bei erlebnispädagogischen Fahrten eine qualifizierte Begleitung der Schüler von großer Bedeutung. Häufig kann die Schule jedoch trotz der Wichtigkeit der Veranstaltungen nicht zwei Lehrer frei-

› Tipp 67

Eltern als Begleitpersonen einbeziehen

stellen, da der Unterricht in den anderen Klassen ebenfalls gewährleistet sein muss. In diesem Fall sind Sie als mit der Organisation einer solchen Veranstaltung befasster Lehrer auf die Mitarbeit der Eltern angewiesen. Informieren Sie sie über Ihr Vorhaben und beziehen Sie sie auf dieselbe Weise in die Planung und Durchführung von Exkursionen ein, wie Sie es bei der Vorbereitung eines Wandertages oder einer mehrtägigen Klassenfahrt (Tipp 68) auch tun. Stellen Sie Ihr Vorhaben ausführlich vor und begründen Sie die Notwendigkeit einer solchen Veranstaltung. Dann finden sich in Ihrer Klasse auch Eltern, die diese personell unterstützen, indem sie sich zur Begleitung bereit erklären.

› Tipp 68

Gleich mal ausprobieren

Beispiele für erlebnispädagogische Fahrten sind gemeinsame ein- oder mehrtägige Kanufahrten auf einem nahe gelegenen Fluss, die von geschulten Sozialpädagogen begleitet werden, oder der Besuch eines Hochseilgartens, in dem die Teilnehmenden lernen, sich aufeinander zu verlassen, und die Erfahrung machen, auch unüberbrückbar erscheinende Hindernisse gemeinsam überwinden zu können.

Achtung!

Die Teilnahme an erlebnispädagogischen Fahrten sollte immer freiwillig sein. Befinden sich Schüler in der Klasse, die nicht teilnehmen möchten, führen Sie mit ihnen ein persönliches Gespräch, in dem Sie nach ihren Beweggründen fragen. Schildern Sie ihnen die Notwendigkeit einer Teilnahme auch für sie persönlich (Integration in die Klasse, besserer Zusammenhalt unter den Mitschülern usw.). Zeigen Sie ihnen, dass eine solche Veranstaltung Spaß macht, und versprechen Sie ihnen, dass dabei niemand zu etwas gezwungen wird, was er nicht machen möchte.

Eltern zur Bibliotheksarbeit hinzuziehen

72

Es gibt kaum eine Schule, die die Bibliotheksarbeit ohne Beteiligung engagierter Eltern bewältigen kann. Eltern übernehmen die Ausleihe der Bücher und bestimmen auch über Neuanschaffungen mit. Sie sind während des Schultages zu bestimmten Zeiten oder nach Möglichkeit sogar während des gesamten Vormittags anwesend, um Schülern die Möglichkeit zu geben, Bücher für eine Freistunde, die Pause oder auch für das Lesen zu Hause auszuleihen. Verfügt der Bibliotheksraum über eine Leseecke, kann diese von Schülern in den Pausen oder in einer Freistunde zum Schmökern, zur Erledigung der Hausaufgaben oder auch zur Recherche für eine Präsentation genutzt werden.

Leseecke für Freistunden

Um die Ecke gedacht

Im Rahmen dieser Tätigkeit können beispielsweise unter Mitwirkung der örtlichen Buchhandlung oder der Stadt- und Landesbibliothek Ausstellungen pädagogisch wertvoller und interessanter Bücher und Spiele stattfinden, wodurch die Eltern Anreize hinsichtlich empfehlenswerten Lesestoffs für ihre Kinder erhalten und die Schüler selbst zum Lesen motiviert werden. Solche Ausstellungen können ein Beitrag zu der nach den PISA-Studien geforderten Förderung der Lesekompetenz sein.

Ein Orchester mit Eltern, Lehrern und Schülern gründen

73

Regen Sie ein gemischtes Orchester an, in dem auch Lehrer und Eltern mitspielen, um deren Zusammenarbeit zu intensivieren und ein gemeinsames Erleben außerhalb der unterrichtlichen oder pädagogischen Regelungen möglich zu machen. Bestimmt sind in der Elternschaft und im Kollegium einige talentierte Instrumentalisten, die sich gerne in eine solche Gruppe an der Schule einbringen.

Gemeinsames Erleben fördert die Zusammenarbeit

Gleich mal ausprobieren

Die Leitung eines solchen Orchesters muss natürlich von einem Experten übernommen werden. Haben Sie selbst keine Erfahrung in der Orchesterleitung, sprechen Sie einen Musiklehrer Ihrer Schule an. Erkundigen Sie sich zuvor bei der Schulleitung über eine mögliche Entlastung dieses Kollegen für seinen Mehraufwand, sodass Sie bereits bei der Anfrage damit locken können. Argumentieren Sie mit der besonderen Bedeutung dieses Projektes für das Schulklima und die Beziehung zwischen Elternschaft und Lehrkräften.

Elternvertreter rekrutieren

74

› Tipp 77

› Tipp 76

Selbst wenn die Teilnahme an einem Elternabend recht rege ist (Tipp 77), müssen Lehrer oft feststellen, dass die Anwesenden sehr zurückhaltend werden, wenn man zum Tagesordnungspunkt Elternvertreterwahl (Tipp 76) kommt. Die Blicke der Anwesenden sinken und Kandidatenvorschläge werden nur widerwillig akzeptiert. Die Wahl scheint oft nicht als Möglichkeit einer besseren Zusammenarbeit zwischen Eltern und Schule gesehen zu werden, sondern vielmehr als notwendiges Übel, das es möglichst unbeschadet zu überstehen gilt. Die Gründe dafür sind mannigfaltig und lassen sich nicht allein damit abtun, die Eltern hätten kein Interesse an einer schulischen Mitarbeit. Um als Lehrer Eltern für das Amt des Elternvertreters motivieren zu können, ist es zunächst wichtig, herauszufinden, worin die Ursachen für ihre Zurückhaltung bei diesen Wahlen liegen.

Mögliche Gründe für fehlende Motivation

- Es kann beispielsweise sein, dass die Durchführung der Wahlen und die Konsequenz einer Nominierung nicht präzise und für jeden durchschaubar, d.h. auch für Nichtpädagogen verständlich, vorgestellt wurden, demnach einige Eltern verunsichert sind und sich aus diesem Grund nicht aufstellen lassen.
- Andere wiederum fühlen sich möglicherweise generell überfordert, ein solches Amt anzunehmen.

- Außerdem kennen sich die Anwesenden bei der Neuzusammensetzung einer Klasse vielleicht noch nicht oder nur sehr flüchtig und können die anderen Eltern und deren Reaktionen schlecht einschätzen – woraus eine größere Zurückhaltung als sonst üblich resultiert.
- Vielleicht haben einige Eltern aber auch bereits Ehrenämter oder den Vorsitz einer anderen Klassenpflegschaft und daher keine Möglichkeit, sich darüber hinaus in das Schulleben einzubringen.

Die Kenntnis und die Akzeptanz dieser Gründe und das damit aufgebrachte Verständnis für die Situation der Eltern signalisieren eine positive Grundeinstellung des Lehrers und sind damit der Schlüssel zum Aufbau einer besseren Zusammenarbeit.

Gleich mal ausprobieren

- Erzeugen Sie eine höhere Akzeptanz des Elternvertreteramtes, indem Sie den Eltern im Vorfeld der Wahl – z.B. in Form einer schriftlichen Mitteilung – ihre diesbezüglichen Möglichkeiten der Einflussnahme aufzeigen. Verdeutlichen Sie ihnen die Wichtigkeit des Elternbeirats hinsichtlich seiner schulischen Mitarbeit sowohl im Bezug auf die Erziehung der Schüler als auch der allgemeinen Schulentwicklung.
- Bieten Sie an, den Eltern bei Unsicherheiten gegenüber dem Amt mit weiteren Informationen und Ratschlägen zur Seite zu stehen.
- Schaffen Sie, falls möglich, vor dem Elternabend, an dem die Wahl stattfinden soll, Anlässe, bei denen sich die Eltern untereinander besser kennenlernen können, z.B. im Rahmen eines Elternstammtischs (Tipp 65) oder -nachmittags (Tipp 63). Bei solchen Treffen können sich u.a. auch Zusammenschlüsse von Eltern bilden, die gerne im Team mitarbeiten wollen.

› Tipp 65
› Tipp 63

Eltern können nur dann langfristig zur Mitarbeit angeworben werden, wenn Sie in ihnen gleichberechtigte Partner sehen und sie mit all ihren Gedanken, Problemen und Anmerkungen ernst nehmen. Dies ist eine wichtige Grundlage für eine hinreichende Motivierung der Eltern zur aktiven Mitgestaltung des Schullebens.

Rechtliche Grundlagen beachten

75 Gremien, in denen Eltern mitwirken

Die elterliche Mitwirkung in schulischen Gremien ist gesetzlich vorgeschrieben. Die Eltern haben sowohl das Recht als auch die Pflicht, die Erziehungs- und Bildungsarbeit der Schule zu fördern und mitzugestalten. Diese Mitwirkung findet in drei Gremien statt, die wie folgt gebildet werden:

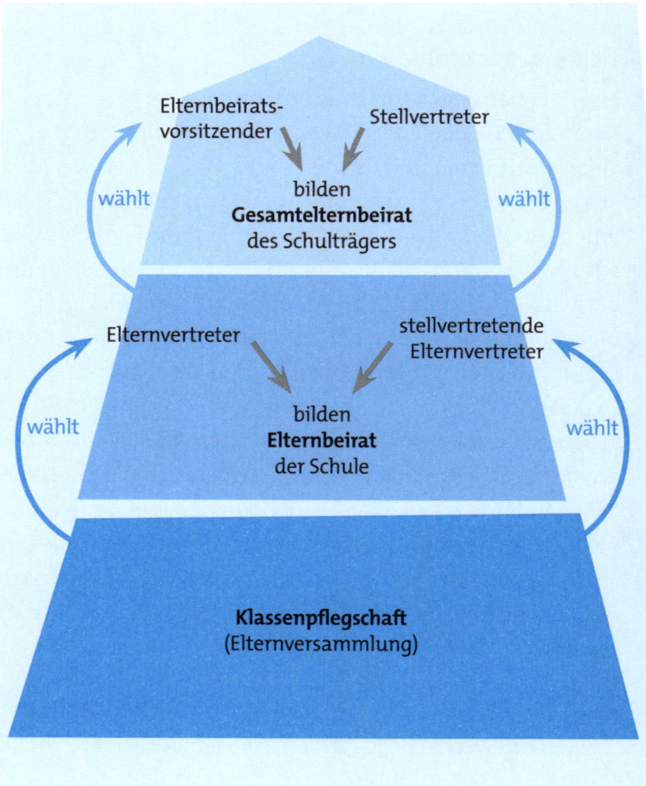

Die Klassenpflegschaftssitzung als schulisches Gremium

76

Die Klassenpflegschaftssitzung, die in Form eines Elternabends abgehalten wird, ist jenes Gremium, das Ihre Arbeit am meisten tangiert, da Ihre Teilnahme und Mitwirkung gewünscht bzw. notwendig ist. Hierzu sind alle Eltern einer Klasse eingeladen sowie der Klassenlehrer generell und die Fachlehrer ggf. dienstverpflichtet, sofern ihre Teilnahme aufgrund der Tagesordnung erforderlich ist.
Die erste Klassenpflegschaftssitzung eines Schuljahres soll innerhalb von sechs Wochen nach dem Ende der Sommerferien stattfinden. Den genauen Termin legt der Elternbeiratsvorsitzende gemeinsam mit dem Klassenlehrer und der Schulleitung fest.

Zusammensetzung der Klassenpflegschaft

Die Zusammensetzung der Klassenpflegschaft verdeutlicht das nachfolgende Schaubild:

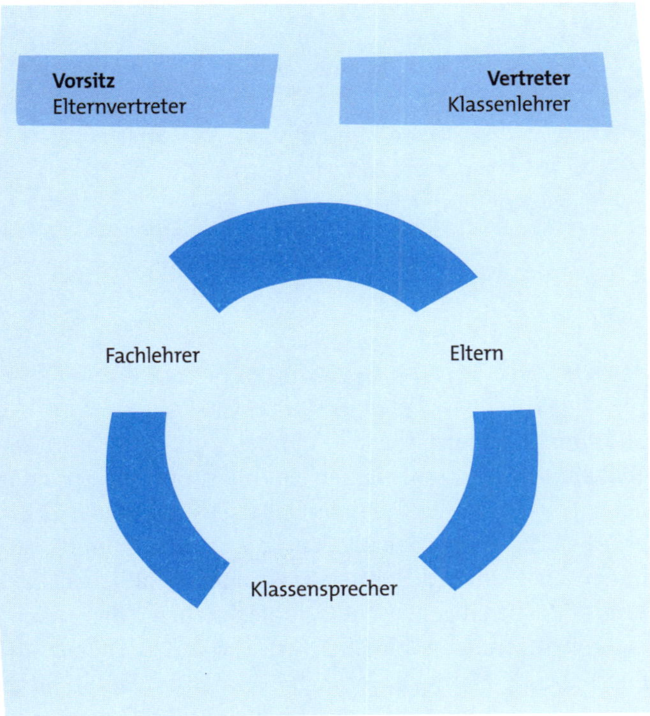

Die Klassenpflegschaft tritt im weiteren Verlauf des Schuljahres innerhalb einer Frist von 14 Tagen zusammen, sofern mindestens 25 Prozent der Eltern, der Klassenlehrer, die Schulleitung oder der Elternbeiratsvorsitzende die Sitzung einberufen haben. Pro Schulhalbjahr muss jedoch mindestens eine Sitzung stattfinden.

Achtung!

Bei Abstimmungen im Rahmen einer Klassenpflegschaftssitzung sind grundsätzlich alle anwesenden ordentlichen Mitglieder mit jeweils einer Stimme stimmberechtigt. Die eigene Stimme kann nicht an jemand anderen abgetreten werden.

Ausschließlich die Eltern einer Klasse wählen aus ihren Reihen den Elternvertreter und dessen Stellvertreter. Schulleiter sowie deren Stellvertreter oder Ehegatten, Lehrer der Klasse, höhere Landesbeamte der Schulaufsichtsbehörde, deren Ehegatten sowie ferner leitende Beamte der Schulverwaltung können nicht in das Amt gewählt werden.

Das Amt des Elternvertreters sowie des Stellvertreters kann außerdem nicht von einer Person in mehreren Klassen gleichzeitig wahrgenommen werden.

77 Eltern zur Teilnahme am Elternabend motivieren

Mit zunehmendem Alter der Kinder sinkt die Anzahl der Teilnehmer an Elternabenden, und das, obwohl gerade in der Pubertät ein regelmäßiger Austausch zwischen Eltern und Lehrern von großer Bedeutung ist. Mütter und Väter finden oft nicht die Zeit, sich aktiv am Schulleben ihres Kindes zu beteiligen. Andere fühlen sich möglicherweise nicht genügend angesprochen – u. a. von den Themen der Elternabende (Tipp 78). Manche betrachten die Mitarbeit auch als lästig, aufwendig und uneffektiv.

› Tipp 78

Während also einige wenige engagierte Eltern nicht zur Teilnahme am Elternabend motiviert werden müssen, benötigen andere eben dafür einen besonderen Anstoß.

Gleich mal ausprobieren

Um viele Eltern anzusprechen und zum Besuch des Elternabends zu motivieren, empfiehlt es sich, die dort zu besprechenden Themen so zu wählen, dass eine möglichst hohe Betroffenheit bei allen Eltern erreicht wird. Gestalten Sie auch das Einladungsschreiben (Tipp 83) entsprechend, beispielsweise indem Sie die gegenwärtige Situation der Klasse konkret benennen und so bereits in der Ankündigung das Interesse an der Veranstaltung wecken. Ein thematischer Elternabend kann ebenfalls zum Erscheinen motivieren.

› Tipp 83

Achtung!

Natürlich werden Sie auch durch motivierende Einladungen, mit einem perfekt durchdachten Konzept und spannenden Themen nicht alle Eltern zur Teilnahme am Elternabend motivieren können. Wenn aber die Unentschlossenen von einer Beteiligung überzeugt werden, die Zurückhaltenden sich verstärkt in die Diskussion einbringen oder die Zahl der Teilnehmer auch nur ein wenig erhöht werden kann, dann ist bereits ein erster Schritt getan.

78 Thematische Elternabende anbieten

Mögliche Themen

Zu folgenden Themen kann ein thematischer Elternabend veranstaltet werden:

- Erziehungsbündnis Elternhaus – Schule,
- Lehr- und Lernmethoden,
- Neuanschaffung von Schulbüchern,
- Kriterien der Leistungsbewertung (Tipp 30),
- Lehrpläne und Richtlinien,
- Sinn und Erledigung von Hausaufgaben,

› Tipp 30

- Schwerpunkte der Schule (bilingualer Zweig, musischer Schwerpunkt usw.),
- berufliche Bildung,
- Verkehrserziehung,
- Freizeitgestaltung (beispielsweise Umgang mit Medien, Tipp 35–37),
- Umgang mit legalen und illegalen Drogen,
- Sekten.

› Tipp 35–37

Gleich mal ausprobieren

Um den Eltern die Möglichkeit zu geben, sich auf die Thematik des Abends einzustellen und sich ggf. darauf vorzubereiten, sollte der Programmschwerpunkt auf der Einladung vermerkt sein, eventuell mit dem Hinweis auf passende Materialien (z. B. im Internet). So können im Vorfeld auch innerhalb der Familien schon Gedanken zum Thema ausgetauscht werden und die Eltern lassen beim Elternabend möglicherweise Ansichten ihrer Kinder einfließen. Zurückhaltenden Eltern wird auf diese Weise darüber hinaus die Hemmschwelle genommen, mit anderen Eltern über ein Thema zu sprechen.

Um die Ecke gedacht

Laden Sie zu thematischen Elternabenden immer wieder Eltern aller Klassen einer Jahrgangsstufe gemeinsam ein. Dies spart Vorbereitungszeit, macht eventuell einen Experten finanzierbar und ermöglicht eine intensivere Diskussion durch den größeren Teilnehmerkreis.

Den idealen Zeitpunkt wählen

79

Um möglichst viele Eltern zum Besuch des Elternabends bewegen zu können, muss der Zeitpunkt dafür mit Bedacht gewählt sein. Durch die Wahl eines ungünstigen Termins laufen Sie Gefahr, dass zu viele Eltern zeitlich verhindert sind und nicht kommen – auch solche, die interessiert sind und gerne bei dem Treffen dabei wären.

Kriterien für einen passenden Termin

- Beachten Sie, dass sich Freitage nicht für einen Elternabend eignen (man ist bereits in Wochenendstimmung und außerdem haben manche Eltern vielleicht einen Ausflug geplant, der schon am Freitagnachmittag beginnt).
- Bedenken Sie ferner, dass die Eltern in der Regel berufstätig sind und demnach nicht schon am frühen Abend, sondern allenfalls ab 19 bzw. 20 Uhr erscheinen können, ohne sich dafür freinehmen zu müssen.
- Erkundigen Sie sich nach Möglichkeit auch, ob Eltern Schichtdienst haben oder im Einzelhandel beschäftigt sind. Ist dies bei einigen der Fall, ziehen Sie in Erwägung, den Elternabend so zu beginnen, dass diese pünktlich erscheinen können.
- Legen Sie den Elternabend nicht auf den Tag vor einer Klassenarbeit, da manch ein Elternteil noch mit seinem Kind dafür üben möchte.
- Denken Sie auch an regionale Events – in einer Festwoche sind viele Eltern vielleicht zu sehr eingespannt und können keinen zusätzlichen Termin wahrnehmen.

Wünsche der Eltern zur Tagesordnung berücksichtigen

80

Lassen Sie die Eltern im Vorfeld eines Elternabends selbst die dort zu diskutierenden und zu klärenden Aspekte und Themen (Tipp 78) bestimmen.

› Tipp 78

Gleich mal ausprobieren

Reichen Sie in einem Elternrundschreiben eine Liste mit möglichen Themen an die Eltern weiter und bitten Sie sie, drei Aspekte anzukreuzen, die ihnen am wichtigsten sind. Selbstverständlich haben die Eltern auch die Möglichkeit, die Liste um weitere Themen zu ergänzen. Die Aspekte mit den meisten Nennungen werden dann Gegenstand des Elternabends, worauf in der Einladung hingewiesen wird.

Um die Ecke gedacht

Eine solche Absprache der Themen ist nicht nur ein Entgegenkommen Ihrerseits, sondern stellt sicher, dass es am Elternabend nicht zu „bösen Überraschungen" kommt. Wenn beispielsweise eine Mutter im Laufe der Veranstaltung aufzeigt und sich über den Umfang der Hausaufgaben in Mathematik beschwert, können Sie dieses Thema mit Verweis auf die Umfrage hintanstellen und somit eine unvorbereitete Diskussion vermeiden. Anderenfalls besteht die Gefahr, dass der Elternabend durch solche unerwarteten Einwürfe aus dem Ruder läuft, da Sie überrascht werden und nicht angemessen reagieren können.

81 Geeignete Räumlichkeiten auswählen

In den meisten Fällen finden Elternabende in den Räumen der Schule, und dort hauptsächlich im Klassenzimmer der jeweiligen Klasse statt. Dies hat den Vorteil, dass benötigte Medien und Materialien leicht zu beschaffen sind und dass die Umgebung, die der Lebensraum ihrer Kinder ist, für die Eltern interessant ist und ihnen mit der Zeit vertraut wird. Nicht immer ist das Klassenzimmer jedoch der ideale Ort für einen Elternabend, etwa weil die benötigten Medien (z. B. Computer und Beamer) dort nicht vorhanden sind oder aber die äußeren Umstände eine konstruktive Arbeit erschweren (z. B. durch eine für Erwachsene ungeeignete Bestuhlung vor allem in Grundschulklassen). Außerdem erwecken Klassenzimmer bei manchen Eltern Erinnerungen an die eigene Schulzeit, die nicht immer mit positiven Gefühlen verknüpft sind. Solche Eltern kommen dann nur ungern zum Elternabend oder sitzen die Zeit dort lediglich ab, anstatt eine solche Veranstaltung zum Anlass zu nehmen, sich aktiv am Schulprozess zu beteiligen. Ein ungezwungenes Kennenlernen wird durch den Veranstaltungsort Klassenzimmer ebenfalls erschwert.

Räume können negative Gefühle wecken

SOS-Tipp

Ziehen Sie, wenn Sie einen Elternabend planen, auch andere Räume in Betracht (z.B. das Lehrerzimmer, falls möglich, oder die Bibliothek). Sollte der bereits gewählte Elternbeirat (Tipp 75) zu der Veranstaltung einladen, regen Sie ihn in einem Vorgespräch dazu an, mit Ihnen über eine Alternative nachzudenken. Auch außerschulische Orte (Tipp 82) eignen sich durchaus für einen Elternabend!

› Tipp 75
› Tipp 82

Einen Elternabend außerhalb der Schule durchführen

82

Elternabende werden fast ausschließlich in den Räumen der Schule durchgeführt. Aber ist diese Lokalität auch die beste für jeden Elternabend? Manchmal bekommen die Veranstaltungen schon dadurch den Anstrich eines Pflichtprogramms, das viele Eltern einfach nur überstehen wollen.

Um die Ecke gedacht

Für die erste Sitzung, in der es darum geht, den Eltern die Lehrer der Klasse vorzustellen und den Elternvertreter zu wählen (Tipp 74), ist der Klassenraum mit Sicherheit das richtige Ambiente. Danach sollte aber über andere mögliche Treffpunkte, auch außerhalb der Schule, nachgedacht werden, um einerseits den Vorbehalten gegenüber der Räumlichkeit Schule, die viele Eltern mit sich herumtragen, zu begegnen und andererseits eine der Altersgruppe angemessene Atmosphäre zu schaffen, die mit Schulmobiliar und Schreibpulten nicht herzustellen ist.

› Tipp 74

Gleich mal ausprobieren

Als mögliche außerschulische Orte für einen Elternabend bieten sich beispielsweise die Stadt- oder Landesbibliothek, die Volkshochschule, das Dorfgemeinschaftshaus, aber auch Gaststätten an.

Um alle Eltern in die Entscheidungsfindung einzubeziehen, wo man sich beim nächsten Mal trifft, kann diese Frage zum Ende eines ersten Elternabends angesprochen und diskutiert werden.

83 Die Einladung motivierend gestalten

Je motivierender und ansprechender die Einladung zu einem Elternabend gestaltet ist, desto größer werden die Beteiligung und das Interesse der Eltern sein. Gestalten Sie die Einladung so, dass die Eltern den Eindruck bekommen, sie verpassten etwas, wenn sie nicht erscheinen.

Gleich mal ausprobieren

› Tipp 67, 68

Kündigen Sie beispielsweise auf der Einladung zum Elternabend die Präsentation von Fotos bzw. Dias des letzten Wandertages (Tipp 67), der Klassenfahrt (Tipp 68) oder des Schulfestes an. Dies motiviert, weil Eltern gerne etwas über die Schulerlebnisse ihrer Tochter oder ihres Sohnes erfahren, und lockert den ansonsten vom Pflichtprogramm dominierten Abend ungemein auf.

Legen Sie besonderen Wert auf eine ansprechende Gestaltung der Einladung: Integrieren Sie eine zur Tagesordnung passende Zeichnung oder auch Schülerarbeit, zeigen Sie Bezüge auf zu vorausgegangenen Elternabenden und verwenden Sie eine dynamische, selbstbewusste Sprache:

- **Schreiben Sie nicht:** Sehr geehrte Damen und Herren!
  Sondern: Liebe Eltern!
- **Schreiben Sie nicht:** Am Mittwoch, 21. September 2011, findet in der Schule der erste Elternabend statt.
  Sondern: Wie Ihnen Ihre Kinder bestimmt bereits mitgeteilt haben, bin ich seit Beginn dieses Schuljahres der Klassenlehrer der Klasse 5c des Bertolt-Brecht-Gymnasiums. Um ein näheres Kennenlernen zu ermöglichen, möchte ich Sie hiermit herzlich zu unserem ersten Elternabend einladen. Da mir

die Zusammenarbeit zwischen Elternhaus und Schule ein großes Anliegen ist, würde ich mich sehr freuen, wenn wenigstens ein Elternteil kommen könnte.

Schreiben Sie nicht: Begonnen wird um 19.00 Uhr im Klassenzimmer der 5c.
Sondern: Um Ihnen einen Überblick über den Verlauf des Abends zu geben, liegt das Programm bei:
1. Begrüßung und Vorstellung des Klassenlehrers
2. Vorstellung der Lehrer in den Fächern Deutsch, Mathematik und Englisch
3. Kennenlernen
4. Information zu Leistung und Bewertung: Was wird von Ihren Kindern erwartet?
5. Aussprache über den ersten Wandertag
6. Wahl des Elternvertreters
7. Verschiedenes

Schreiben Sie nicht: Mit freundlichen Grüßen
Sondern: Ich grüße Sie sehr herzlich und freue mich auf Ihr Kommen.

Die ideale Sitzordnung arrangieren

84

› Tipp 81

Sitzordnung auf geplante Aktivitäten abstimmen

Trifft man sich zum Elternabend im Klassenzimmer der jeweiligen Klasse (Tipp 81), so besteht die Möglichkeit, die Sitzordnung des Unterrichts beizubehalten und die Eltern auf die Plätze ihrer Kinder zu setzen. Da in der Regel jedoch mehr als ein Elternteil anwesend ist, muss man diese Sitzordnung ggf. etwas erweitern.
Sieht die Tagesordnung außerdem Aktivitäten der Eltern etwa in Form einer Gruppenarbeit vor, so müssen die Tische entsprechend angeordnet werden.

Gleich mal ausprobieren

Bei geringer Teilnehmerzahl bietet sich ein einfacher Sitzkreis an, der auch die Tische beinhaltet. Dies birgt zwar die Gefahr, dass eine Art sichtbare psychologische Barriere geschaffen wird, hinter der sich die Teilnehmer „verstecken" können, allerdings ist es auf diese Weise einfacher, Arbeitsergebnisse schriftlich festzuhalten.

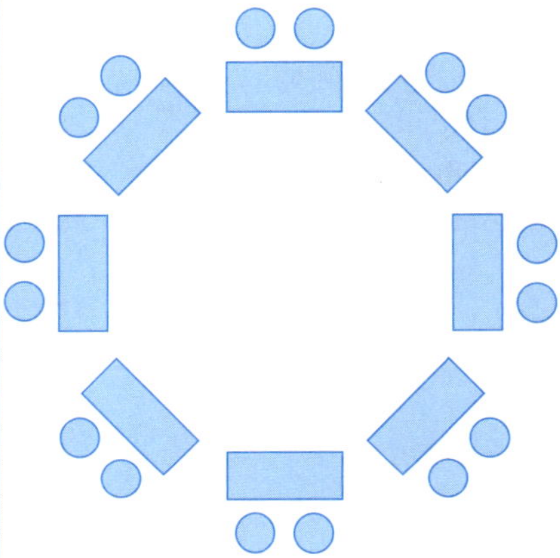

Werden mehr Eltern erwartet, bietet sich eine Sitzordnung an, wie man sie von Tagungen her kennt. Die Teilnehmer sitzen dabei an Tischen, die ein Rechteck bilden.

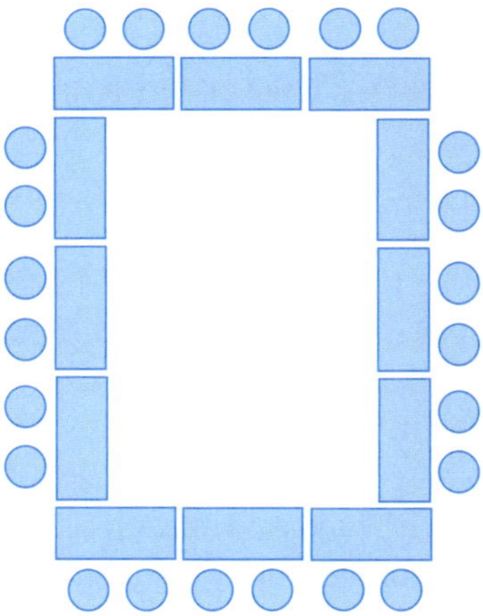

Für eine Gruppenarbeit ideal geeignet ist die folgende Sitzordnung, die sich auch im Unterricht bewährt hat. Hierbei sitzen jeweils sechs Personen in einem Halbkreis an zwei Tischen. Die Tische bilden im Raum einen vollständigen Kreis.

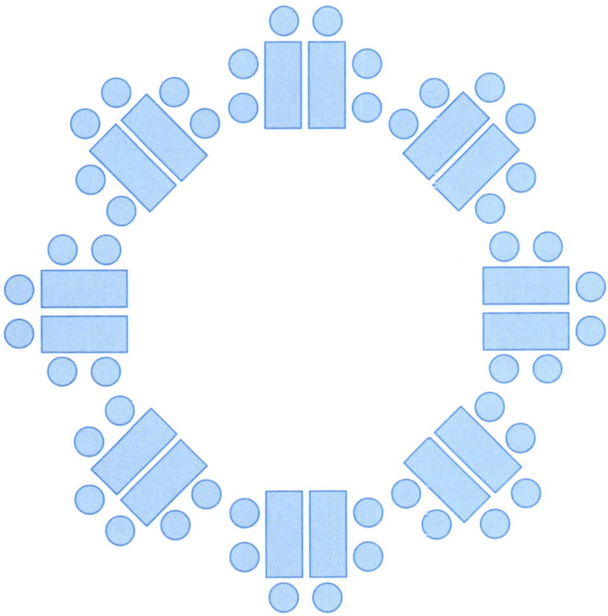

Um die Ecke gedacht

Alle drei gezeigten Sitzordnungen haben den Vorteil, dass Sie als Lehrkraft sich bei der Veranstaltung in die Gruppe integrieren können und in Ihrer räumlichen Position keine Sonderstellung einnehmen.

Namensschilder anfertigen

In jedem Fall sollten Sie im Vorfeld des Elternabends Namensschilder anfertigen und auf den Plätzen auslegen. Damit geben Sie die Sitzordnung vor, jede Person findet ihren Platz sofort und kann von den anderen auch mit Namen angesprochen werden. Da immer mehr Schüler aus unterschiedlichen Gründen einen anderen Nachnamen besitzen als einer ihrer Elternteile, sollte das Schild auch den Namen des Kindes enthalten, um eine Verwechslung auszuschließen bzw. um peinliche Situationen zu vermeiden. Eine interessante Gestaltungsmöglichkeit dieser Namensschilder ergibt sich, wenn es um ein Foto des Schülers ergänzt wird (eingescannt oder aufgeklebt).

85 Den Elternabend auswerten

Protokoll anfertigen lassen

Elternabende dienen nicht nur dem Zweck, sich gegenseitig kennenzulernen und auszutauschen; es werden darüber hinaus viele Dinge geregelt, besprochen und beschlossen, die für die künftige Arbeit in der Klasse sowie in der Schulgemeinde von großer Bedeutung sind. Aus diesem Grund ist es unerlässlich, zu Beginn der Veranstaltung einen Protokollanten zu wählen, der sich bereit erklärt, nach dem Elternabend allen Eltern, auch den nicht anwesenden, zeitnah (maximal zwei Wochen) ein Protokoll zukommen zu lassen. Der Grund für eine solche Mitschrift, die alle Beschlüsse und Absprachen beinhalten sollte, liegt darin, dass die Vereinbarungen fixiert sind und bei späteren Unstimmigkeiten nachvollzogen werden können. Auch die terminlich verhinderten Eltern werden so über das Versäumte informiert und auf den neusten Stand der Klassensituation gebracht. Wird eine Kopie des Protokolls an einem für alle Lehrer zugänglichen Ort innerhalb der Schule aufbewahrt, können sich außerdem auch die Fachkollegen einen Eindruck von der Veranstaltung und ihren Ergebnissen verschaffen.
Um das Porto zu sparen, kann das Protokoll per E-Mail verschickt werden, oder der Klassenlehrer teilt die Protokolle an die Schüler aus.

Gleich mal ausprobieren

› Tipp 78

Im Anschluss an besonders gestaltete Elternabende bzw. nach Treffen zu einem bestimmten Thema (Tipp 78) ist eine Evaluation durch alle Teilnehmer von großer Bedeutung. Nur so bekommen Sie ein Feedback der Gruppe und wissen, welche Themen wichtig sind bzw. welche Methode angenommen wurde und sich für künftige Sitzungen empfiehlt. Sie können eine mündliche Evaluation beispielsweise in Form eines „Blitzlichtes" durchführen (jeder Teilnehmer bekommt hierbei die Gelegenheit, ein bis zwei Sätze zum Ablauf der Veranstaltung zu sagen, die von den anderen nicht kommentiert werden).

Mit Eltern aus anderen Kulturkreisen zusammenarbeiten

86

In einigen Stadtteilen, insbesondere in Ballungsgebieten, stellen ausländische Eltern die Mehrheit dar. Bedingt durch eine hohe Heterogenität der Herkunftsländer und Kulturen weist eine solche Elternschaft in der Regel eine große Bandbreite unterschiedlicher Ansichten, Normen und Wertvorstellungen auf. Eltern aus Ländern, in denen keine demokratischen Prinzipien vorherrschen, haben es dabei besonders schwer, sich in der Schulgemeinschaft einzubringen und sich beispielsweise an Elternbeiratswahlen (Tipp 75) zu beteiligen, da sie aufgrund ihres Hintergrunds von einer echten Mitbestimmung dieses Gremiums möglicherweise nicht überzeugt sind.

› Tipp 75

Gleich mal ausprobieren

Um effektiv mit dieser Elternschaft umgehen zu können, sollten Sie sich zunächst einmal ein Bild von ihren Vorstellungen und Erwartungen machen (Tipp 38). An einem extra für diese Elterngruppe organisierten Elternabend (Tipp 77, 78) können Sie die unterschiedlichen Vorstellungen und Konzepte zusammentragen und für die weitere Zusammenarbeit auswerten.

› Tipp 38
› Tipp 77, 78

Ergreifen Sie selbst die Initiative und sprechen Sie die Eltern direkt an. Suchen Sie den Kontakt zu ihnen, indem Sie sie beispielsweise über eine schriftliche Einladung zum Elternabend hinaus auch telefonisch um ihr Erscheinen bitten. Verdeutlichen Sie ihnen dabei einerseits die Notwendigkeit und Wichtigkeit ihrer Teilnahme und lassen Sie andererseits durchblicken, dass Sie und die anderen Eltern sich über ihre Anwesenheit sehr freuen würden.

SOS-Tipp

Deuten Sie eine anfängliche Zurückhaltung nicht als Desinteresse, sondern beziehen Sie sie auf die eingangs genannten besonderen Probleme, die Eltern aus anderen Kulturkreisen mitbringen.

Wichtig ist außerdem, dass Sie diesen Eltern jeden Ihrer Handlungsschritte transparent machen und Ihre Vorgehensweise erläutern. Warum hat Mehmet etwa eine Sonderaufgabe bekommen? Wieso ist es mit den Prinzipien der Schule nicht vereinbar, dass Rachid einen Mitschüler verprügelt, weil dieser ihn beleidigt hat?

Schule als Unterstützer und nicht als Gegenspieler

Die Eltern müssen verstehen, dass die Schule sie unterstützen möchte und nicht als Gegenspieler antritt, der ihre Identität vernichtet. So sollten die unterschiedlichen Kulturen, die an einer Schule aufeinandertreffen, sowohl während des Unterrichts als auch während anderer schulischer Aktivitäten thematisiert werden. Schüler können an geeigneten Stellen von ihren Erlebnissen berichten oder Eltern können ihre religiöse Gemeinde vorstellen (Tipp 57).

› Tipp 57

87 Anderen Kulturen offen begegnen

Unsicherheit und Resignation auffangen

Eltern aus anderen Kulturkreisen haben mitunter nicht nur mit sprachlichen Schwierigkeiten zu kämpfen, sondern mussten darüber hinaus vielleicht bereits mehrfach negative Erfahrungen hinsichtlich der Reaktion auf ihre Nationalität machen, sodass sie bezüglich einer schulischen Mitarbeit sehr verunsichert sind. In einem Umfeld mit für sie fremden und wenig nachvollziehbaren Wert- und Normvorstellungen haben sie sich zudem häufig resigniert zurückgezogen und den Wunsch einer Integration längst aufgegeben.

Gleich mal ausprobieren

Nehmen Sie direkten Kontakt mit dieser Elterngruppe auf und lassen Sie es nicht bloß auf einer schriftlichen Einladung beruhen. Erkundigen Sie sich ggf. telefonisch, ob die Eltern die Einladung erhalten und verstanden haben und ob sie die Teilnahme ermöglichen können. Erläutern Sie ihnen, wie wichtig es ist, dass zumindest ein Elternteil erscheint.

88

Binden Sie die ausländischen Eltern in das Schulleben ein, indem Sie ihnen die Möglichkeit bieten, selbst über ihre Kultur und Identität zu informieren – sie werden damit zum wichtigen Partner bezüglich der Integrationsbemühungen an Ihrer Schule. Lassen Sie die Eltern, sofern sie dies möchten, z. B. von ihrer Heimat berichten oder ihre hiesige religiöse Gemeinde vorstellen.

Um die Ecke gedacht

Die Integration ausländischer Mitbürger wird seit geraumer Zeit in der Öffentlichkeit rege diskutiert. Politiker aller Parteien suchen nach effektiven Möglichkeiten, eine Parallelgesellschaft in Deutschland zu verhindern. Einen Anfang hinsichtlich einer verbesserten Integration kann die Schule unternehmen, indem sie Eltern jedweder Herkunft als gleichberechtigte Erziehungspartner ansieht und ihnen die mannigfaltigen Möglichkeiten aufzeigt, die eine Zusammenarbeit zwischen Schule und Elternhaus bietet.

Die Sorgen sowohl deutscher als auch ausländischer Eltern, dass ihre Kinder wegen einer zu großen Heterogenität innerhalb der Klassengemeinschaft sprachlich nicht genügend gefördert werden, lassen sich durch positive Beispiele aus Ihrem schulischen Alltag entkräften, die durchaus auch Vorteile eines interkulturellen Lernens aufzeigen können. Positive Beispiele kann es jedoch nur geben, wenn sowohl Eltern als auch Schüler ihre Chancen erkennen und hinter dem Lebensraum Schule stehen. Auch der Umstand, ihre Kultur von der Lehrkraft respektiert zu wissen, dient der Motivation ausländischer Eltern und stärkt ihr Selbstvertrauen. Auf diese Weise lassen sie sich zukünftig verstärkt in den schulischen Entwicklungsprozess einbeziehen.

Respekt stärkt Motivation und Selbstvertrauen ausländischer Eltern

89 Teilnahme muslimischer Schüler am Sportunterricht

Bezüglich der Teilnahme muslimischer Schüler am Sportunterricht gibt es häufig Widerstände aufseiten ihrer Eltern. Ein Grund dafür ist, dass bei den sportlichen Aktivitäten muslimische Kleidungsvorschriften u. U. nicht eingehalten werden können.

Um die Ecke gedacht

Das Kopftuch muslimischer Frauen als äußeres Zeichen für ihre Religionszugehörigkeit sorgt in der Öffentlichkeit immer wieder für Diskussionen und hat auch Auswirkungen auf den schulischen Alltag in Deutschland. Es ist Bestandteil einer islamischen Kleidungsvorschrift, die die Würde des Menschen schützen soll. So sind nicht nur muslimische Frauen, sondern auch Männer dazu angehalten, ihren Körper vor Blicken fremder, insbesondere heiratsfähiger Angehöriger des anderen Geschlechts zu verbergen. Frauen müssen zudem ihren Kopf bedecken, da die Attraktivität ihrer Haare ebenfalls das Interesse der Männer wecken könnte. Diese Bekleidungsvorschriften sollen auch bei schulischen Veranstaltungen eingehalten werden, weshalb weder Mädchen noch Jungen (!) an einem gemischten Sportunterricht teilnehmen dürfen. In Deutschland führt dies allerdings zwangsläufig zu einem Gegensatz zum Artikel der Gleichberichtigung im Grundgesetz, auf dem die Schule gründet.

Gleich mal ausprobieren

Führen Sie an Ihrer Schule einen Konsens herbei oder ermuntern Sie die befugten Personen dazu. Beispielsweise kann sich die Fachschaft Sport auf Alternativen im Umgang mit dieser Problematik einigen und für alle als verbindlich beschließen. So verständigt man sich etwa darauf, dass der betreffende Schüler generell am Sportunterricht teilnehmen muss, Sie ihm jedoch eine Alternativaufgabe für die Sportübungen geben, die er aufgrund seiner Bekleidung nicht durchführen kann. Diese Aufgaben (z. B. Referat) gehen stattdessen in die Benotung ein (Tipp 30). Als Gegenleistung müssen die Eltern versichern, dass ihr Kind regelmäßig am Sportunterricht teilnimmt – entschuldigt werden nur übliche Gründe wie beispielsweise Krankheit.

› Tipp 30

Teilnahme muslimischer Schüler am Schwimmunterricht

90

Muslimische Eltern zeigen sich häufig nicht damit einverstanden, dass ihr Kind am Schwimmunterricht teilnimmt, etwa, weil sie nicht möchten, dass ihre Tochter von Mitschülern ohne Kopftuch gesehen wird (Tipp 92). Wie können Sie als Klassen- oder Sportlehrer darauf eingehen?

› Tipp 92

Gleich mal ausprobieren

Regen Sie Kompromisslösungen an. Eine Alternative könnte beispielsweise sein, dass die betroffene Schülerin zwar vom Schwimmunterricht in der Schule befreit wird, diesen aber nachmittags in einem Schwimmverein nachholt, zu dem ausschließlich weibliche Personen Zugang haben.
Schließen Sie mit den betroffenen Schülern sowie mit deren Eltern Verträge ab, die die Teilnahme am Schwimmunterricht eindeutig regeln (Tipp 4). Fassen Sie in einem solchen Vertrag das in einem vorausgegangenen Gespräch Beschlossene zusammen und lassen Sie ihn von allen Beteiligten unterzeichnen. Das Original des Vertrages wird dann Bestandteil der Schülerakte und ist somit für alle verbindlich.

› Tipp 4

Achtung!

Ein Ziel Ihrer Gespräche mit den muslimischen Eltern muss darin bestehen, dass sich bei ihnen ein Problembewusstsein – z. B. hinsichtlich der verpflichtenden Teilnahme am Schwimmunterricht – entwickelt. Nicht nur Sie müssen sich in die Situation der jeweiligen Eltern einfühlen und diese nachvollziehen und verstehen lernen, umgekehrt müssen auch die Eltern Ihre Situation als professionelle Lehrkraft akzeptieren und respektieren. Schließlich sind Sie dem Schulgesetz sowie den geltenden Lehrplänen verpflichtet und darüber hinaus für eine angemessene Erziehung und Bildung der Schüler verantwortlich.

Besondere Schwierigkeiten bei Klassenfahrten beachten

91

Im Gespräch eine für beide Seiten tragbare Lösung finden

Signalisieren Ihnen Eltern aus anderen Kulturkreisen, dass sie ihrem Kind die Teilnahme an einer geplanten Klassenfahrt verweigern werden, suchen Sie das ausführliche Gespräch mit ihnen. Verdeutlichen Sie ihnen bei dieser Gelegenheit, dass Sie einen gemeinsamen Weg finden wollen, der für beide Seiten tragbar ist. Dieser könnte etwa darin bestehen, dass das Kind teilnehmen kann, ohne dass die Eltern einen Bruch mit ihren Traditionen oder religiösen Bräuchen befürchten müssen.

Gleich mal ausprobieren

› Tipp 97
› Tipp 50

- Sprechen Sie mit den Eltern über die Gründe ihrer Bedenken, ggf. unter Beteiligung einer Vertrauensperson, die mit der Muttersprache und Religion des betroffenen Schülers vertraut ist (Tipp 97). Bestehen finanzielle Hindernisse, die die Eltern aus Scham nicht benennen wollen (Tipp 50), oder sind die Gründe für die Ablehnung eher religiös motiviert (z.B. Essen, Alkoholkonsum, enger Kontakt zwischen Jungen und Mädchen)?
- Machen Sie den Eltern im Gespräch klar, dass eine strikte Ablehnung von Klassenfahrten kontraproduktiv ist und ihre Kinder weitgehend benachteiligt.
- Verdeutlichen Sie ihnen, dass solche Veranstaltungen zum Unterricht gehören und pädagogischen Wert haben; die Eltern müssen begreifen, dass es dabei vor allem um die Gemeinschaft geht und ihr Kind daher nicht fehlen sollte.

- Bieten Sie den Eltern an, dass eine Vertrauensperson – vielleicht ein muslimischer Elternteil, ältere Geschwister, ehemalige Schüler, Studierende oder Studienreferendare mit muslimischem Hintergrund, die das Vertrauen der muslimischen Schüler und ihrer Eltern genießen – mitfahren kann. Sie sollte allerdings als Betreuungsperson aller Schüler in die Veranstaltungen einbezogen werden und nicht ausschließlich für die muslimischen zuständig sein.
- Sichern Sie den Eltern zu, dass Sie ihre Werte schützen und die Besonderheiten ihrer Religion respektieren (Tipp 92). Garantieren Sie beispielsweise dafür, dass kein männlicher Teilnehmer oder Betreuer ein muslimisches Mädchen ohne Kopfbedeckung sehen wird. Dies bedeutet, dass der nächtliche Rundgang im Mädchentrakt von einer Lehrerin ausgeführt werden muss und dass muslimische Mädchen einen Schlüssel für ihr Zimmer bekommen, sich nachts also einschließen dürfen. Dass der Speiseplan auf muslimische Essgewohnheiten abgestimmt sein muss, ist eine Selbstverständlichkeit.

› Tipp 92

Religiöse Bräuche kennen

92

Wichtigste Bräuche des Islam

Um beispielsweise muslimischen Eltern als kompetenter Gesprächspartner gegenübertreten zu können, sollten Sie über die wichtigsten Grundlagen und Bräuche ihrer Religion informiert sein:

- Im Islam gibt es den einen, ewigen Gott (= Allah), der alles Existierende erschaffen hat. Muhammad („Der Gepriesene"), der unter dem Namen Abul-Kasim Muhammad von 570 bis 632 n. Chr. lebte, gilt als der letzte Prophet, der die Weltreligion im 7. Jahrhundert gestiftet hat. Der Islam kennt neben ihm fünf weitere bedeutende Propheten: Adam, Noah, Abraham, Moses und Jesus.
- Die Zugehörigkeit zur Glaubensgemeinschaft besiegelt im Islam kein Sakrament – wie das der Taufe im Christentum – und keine religiöse Unterweisung. Jeder Mensch,

der die Glaubensbezeugung schahada („La ilaha illa Allah; Muhammad rasul Allah", übersetzt: „Es gibt keinen Gott außer Allah; und Muhammad ist sein Prophet") mit den Worten „ich bezeuge" vor einem Moslem ausspricht, wird damit selbst zum Moslem.

- Jeder Junge ist im Islam vor dem Eintreten der Pubertät zu beschneiden. Dies geschieht im Rahmen von Beschneidungsfesten, an denen die Kinder besondere Kostüme tragen, womit sie heilige Stätten aufsuchen und Verwandtschaftsbesuche machen.
- Jeden Freitag beten die Gläubigen gemeinsam in der Gemeinde. Vor dem Gebet steht allerdings die rituelle Reinigung an: Der Gläubige wäscht dabei sein Gesicht, die Hände und Arme bis zu den Ellenbogen, die Füße bis zu den Knöcheln und seine Haare.
- Das Fasten während des Ramadan ist allen Gläubigen des Islam vorgeschrieben, die die Pubertät erreicht haben und gesundheitlich dazu in der Lage sind. Ausgenommen von dieser Pflicht sind lediglich Alte, Kranke sowie Frauen während der Menstruation, Schwangerschaft bzw. während des Stillens. Für die alljährliche Fastenzeit der Muslime wurde der neunte Monat des islamischen Kalenders gewählt, weil in ihm Muhammad die erste der Koranoffenbarungen empfing. Während der Zeit vor Anbruch der Morgendämmerung bis nach Sonnenuntergang dürfen die Gläubigen weder essen, trinken, rauchen noch Geschlechtsverkehr haben. Auf diese Weise wollen sie selbstdisziplinierter und beherrschter werden sowie die Frömmigkeit pflegen.
- Das Tragen eines Kopftuches ist Bestandteil einer Kleidungsvorschrift, die die Würde der Menschen schützen soll (siehe „Um die Ecke gedacht", Tipp 89).

› Tipp 89

Auch kleine Schritte als Erfolg sehen

93

Erwarten Sie bei Ihrer Arbeit mit Eltern aus anderen Kulturkreisen nicht, dass all Ihre Wünsche in Bezug auf die Erziehung des Kindes sofort erfüllt werden, sondern sehen Sie auch kleine Schritte als Erfolg! Wenn beispielsweise Ihre zahlreichen Gespräche und Überzeugungsversuche, das Kind mit auf die Klassenfahrt gehen zu lassen (Tipp 91), schließlich doch nicht fruchten und das Kind am Tage der Abfahrt plötzlich krankgemeldet wird, geben Sie dennoch nicht auf. So kann es beispielsweise sein, dass der Schüler bei dem nächsten eintägigen Ausflug mitdarf, was er zuvor ebenfalls nicht durfte.

› Tipp 91

Oder Sie sind mit der Situation konfrontiert, dass Eltern trotz mehrmaligen Nachfragens und der Betonung der Wichtigkeit Ihrerseits nicht zum Elternabend erscheinen: Lassen Sie „nicht locker", sondern sprechen Sie die Eltern auch für die nächste Veranstaltung an – vielleicht erscheinen sie auf dem Schulfest, wo sie sich ungezwungener mit der Schule vertraut machen können. Auch dies kann ein erster Schritt sein, dem weitere, größere Schritte folgen.

Die Toleranz aufgeklärter Migranten nutzen

94

Oft sind Eltern aus anderen Kulturkreisen offener für Gespräche, wenn das Gegenüber ebenfalls ihrer Kultur entstammt oder die gleiche Religion hat. Sie sollten daher in schwierigen Situationen mit Müttern oder Vätern aus anderen Kulturen ausländische Eltern, die über gute Sprachkenntnisse verfügen und Ihrer Arbeit aufgeschlossener gegenüberstehen, als Vermittler einsetzen und in Ihre (Überzeugungs-)Arbeit einbeziehen. Als solche eignen sich auch Mitglieder Ihres Kollegiums, die aus anderen Kulturkreisen stammen. Sie können helfen, Eltern aus ihrer vorsichtigen oder ablehnenden Haltung (Tipp 89–91) herauszuholen und sie zur Kooperation zu bewegen.

Aufgeschlossene ausländische Eltern als Vermittler einsetzen

› Tipp 89–91

Gleich mal ausprobieren

Stellen Sie sich vor, Sie bereiten eine Lesenacht für die Jahrgangsstufe 6 vor. Von den zwei muslimischen Schülerinnen in Ihrer Klasse darf die eine daran teilnehmen, die andere hingegen nicht. Die beiden muslimischen Familien sind Nachbarn und kennen sich gut. Rufen Sie in einem solchen Fall bei der einen Familie an, um zu erfragen, warum sie ihrem Kind die Teilnahme erlauben. Dann bitten Sie sie, die genannten Argumente gegenüber der befreundeten Familie zu vertreten, um sie so zu einer Erlaubnis für ihr Kind zu bewegen. Die Wahrscheinlichkeit ist groß, dass tatsächlich beide Schülerinnen zur Lesenacht erscheinen werden.

Ausländische Eltern als Experten einsetzen

95

Viele Eltern mit Migrationshintergrund haben Erfahrungen in Themenbereichen gemacht, die deutsche Lehrer nur aus zweiter Hand vermitteln können. Hierzu zählen etwa

- das Leben als Flüchtling,
- das Leiden des Bürgerkriegs,
- der im Alltag gelebte Islam (Tipp 92).

› Tipp 92

Diesen Erfahrungsschatz gilt es für eine anschauliche Vermittlung der betreffenden Inhalte und Themen im Unterricht zu nutzen.

Gleich mal ausprobieren

› Tipp 70

Laden Sie Eltern mit Migrationshintergrund in den Unterricht ein bzw. planen Sie mit ihnen zusammen Unterrichtsgänge (Tipp 70), in deren Rahmen sie den Schülern ihr besonderes Wissen vermitteln können. So bietet es sich etwa an, mit der gesamten Klasse unter fachkundiger Führung eines islamischen Elternteils eine Moschee zu besuchen oder ein Mitglied des Ausländerbeirates in den Unterricht einzuladen. Wichtig sind hierbei allerdings in jedem Fall gute Absprachen, damit alle Schwierigkeiten, auch die der Sprache, im Vorfeld aus dem Weg geschafft werden können.

Im Rahmen eines Schulfestes kann den unterschiedlichen Kulturen außerdem die Möglichkeit gegeben werden, sich der Schulgemeinde ausführlich vorzustellen. Denkbar ist z. B. das Angebot besonderer Spezialitäten aus der Küche des betreffenden Landes. Anhand von Wandzeitungen kann außerdem über spezifische historische oder religiöse Sachverhalte informiert werden. In die Vorbereitungen solcher Aktivitäten sollten engagierte Eltern aus dem jeweiligen Kulturkreis unbedingt einbezogen werden.

SOS-Tipp

Wenn Sie nicht wissen, welche Eltern in Ihrer Klasse über einen solchen Erfahrungsschatz verfügen, finden Sie dies am besten im Gespräch mit den Schülern heraus: Gibt es Eltern mit einer besonderen Lebensgeschichte? Zu welchen Aspekten könnten sie der Klasse etwas berichten?

Sprachliche Hürden überwinden

96

Die Arbeit mit ausländischen Eltern wird häufig durch Verständigungsprobleme erheblich erschwert. Seien Sie sich dieses Problems von vornherein bewusst und suchen Sie rechtzeitig nach Möglichkeiten, wie diese sprachlichen Hürden überwunden werden können.

Gleich mal ausprobieren

Um die Verständigung in Gesprächen mit ausländischen Eltern sicherzustellen, kann ein Dolmetscher hinzugezogen werden. Das Staatliche Schulamt bzw. die für Ihre Schule zuständige Schulaufsichtsbehörde vermittelt in solchen Fällen Dolmetscher für mehrere Sprachen. Wenn für Ihren Bedarf kein professioneller Dolmetscher gestellt werden kann, besteht die Möglichkeit, im schulischen Umfeld nach einer kompetenten Person Ausschau zu halten, die Unterstützung bieten kann. Vielleicht sind ja der türkische Hausmeister oder die russische Sekretärin geeignete Ansprechpartner. Auch Schüler können mit dem Dolmetschen beauftragt werden. Bei allen genannten „Hilfsdolmetschern“ muss allerdings beachtet werden, dass diese für heikle Themen nicht geeignet sind bzw. dass sie zuvor zur Verschwiegenheit verpflichtet werden müssen.

Kulturvermittler einsetzen

97

› Tipp 96

Interessierte ausländische Eltern als Kulturvermittler ausbilden

Eine weitere Möglichkeit, dem kulturellen und sprachlichen Problem bei der Arbeit mit ausländischen Eltern zu begegnen, besteht neben dem Hinzuziehen von Dolmetschern (Tipp 96) im Einsatz von sogenannten Kulturvermittlern. Bauen Sie bei diesem Modell auf Eltern aus anderen Kulturkreisen, die Interesse am schulischen Umfeld ihrer Kinder zeigen. Laden Sie sie zu einem Kennenlernabend in die Schule ein und bieten Sie ihnen eine Art Lehrgang an, der sie befähigt, notwendige Informationen an andere Eltern aus ihrem jeweiligen Kulturkreis verantwortlich weiterzugeben.

Gleich mal ausprobieren

Erläutern Sie an einem solchen Abend beispielsweise das Schulkonzept und begründen Sie, warum die Schule Wert auf die persönliche Entwicklung des Kindes, auf sein Sozialverhalten und seine Beteiligung an den demokratischen Strukturen der Schule, wie etwa dem Klassenrat oder einer monatlich eingerichteten Schülerkonferenz, legt. Der Text dazu kann in unterschiedliche Sprachen übersetzt ausgeteilt werden. Die Eltern als Kulturvermittler haben nun die Aufgabe, diese Informationen unter den Eltern ihres Kulturkreises zu verbreiten.

Sprachpraxis ermöglichen

98

Einer Halbsprachigkeit entgegensteuern

Um eine optimale Sprachförderung der Schüler, aber auch ihrer Eltern zu ermöglichen, muss sowohl die Muttersprache als auch die deutsche Sprache gefördert werden. Einer Halbsprachigkeit, d. h. Defiziten in der Muttersprache sowie in der deutschen Sprache, muss in jedem Fall entgegengesteuert werden.

Gleich mal ausprobieren

Organisieren Sie an Ihrer Schule Gesprächskreise für Eltern mit Migrationshintergrund. Als Leiter einer solchen Runde, die sich regelmäßig entweder in der Schule oder – um Vorbehalte und Ängste aufseiten der ausländischen Eltern abzubauen – in einem außerschulischen Rahmen (z.B. im Gemeindesaal) treffen kann, eignen sich Eltern ausländischer Herkunft, die über hinreichend deutsche Sprachkenntnisse verfügen, sowie Oberstufenschüler.

Holen Sie für die Initiativveranstaltung Eltern ins Boot, die die deutsche Sprache bereits beherrschen und der Schule aufgeschlossen gegenüberstehen. Diese können und sollten dann selbst die Einladung für ein solches Treffen verfassen bzw. Eltern gezielt ansprechen.

Die räumlichen und organisatorischen Rahmenbedingungen (z.B. Getränke, Gebäck) sollten Sie als Initiator des Treffens für die erste Runde übernehmen. Für die zweite Veranstaltung kann dies von Teilnehmern des Gesprächskreises geleistet werden. Die Themen der Runde können frei und individuell bestimmt werden.

Ein Netzwerk aufbauen

99

› Tipp 98

Partner wie z.B. die Stadt einbeziehen

Eine nachhaltige Sprachförderung gelingt dann am besten, wenn Schule, Elternhaus und außerschulische Einrichtungen zusammenarbeiten. Sofern Sie bereits einen Gesprächskreis zur Sprachförderung für Eltern an Ihrer Schule eingerichtet haben (Tipp 98), informieren Sie die Öffentlichkeit darüber. Sprechen Sie mit benachbarten Schulen, ob diese ebenfalls Interesse haben, daran mitzuarbeiten. Wenden Sie sich an weitere Partner (wie etwa die Stadt), die diese Veranstaltungen beispielsweise durch Referenten oder Kulturvermittler unterstützten können.

Beziehen Sie engagierte Väter oder Mütter des Gesprächskreises auch in die Sprachförderung der Schüler ein. Diese können ggf. im Rahmen einer AG die Kinder und Jugendlichen in ihrer Muttersprache unterrichten, denn auch diese soll natürlich im Sinne einer Einbeziehung des kulturellen Hintergrunds nicht zu kurz kommen.

Durch die Installation eines solchen Netzwerkes werden die Ressourcen gebündelt, die zur Sprachförderung in einer Region zur Verfügung stehen.

Register

(Die Verweise beziehen sich auf die jeweiligen Tipp-Nummern.)

A

B

C

E

F

G

I

K